Fred Kickhefel
Markus Kutscher

Frankfurt am Main

Stadt im Wandel

Wartberg Verlag

1. Auflage 2010

Umschlag- und Buchgestaltung:
Markus Kutscher, Frankfurt am Main

Druck:
Bernecker MediaWare AG, Melsungen

Buchbinderische Verarbeitung:
Buchbinderei Büge, Celle

34281 Gudensberg-Gleichen,
Im Wiesental 1
Telefon 0 56 03 - 93 05 0
www.wartberg-verlag.de
ISBN: 978-3-8313-2081-3

Bildnachweis

Institut für Stadtgeschichte, Frankfurt am Main:
Seite 6, 8, 10 rechts (Kerner), 12, 13 oben (Walter Pöppel), 14, 15 links (Foto-Boese), 16 (unten: Weiner), 17 (links: Meier-Ude), 20 (links: Kuropatwa; Mitte: Landesbildstelle Hessen; rechts: Meier-Ude), 22, 24, 25, 26 (unten: Weiner), 28 (unten: Schmidler), 29 links (Kremer), 31 oben, 32 (rechts: Sockeland), 34 (Carl Weiss), 35 oben, 36 (oben: Reeck), 37 oben, 38 (links: Landesbildstelle Hessen), 40 (unten: Landesbildstelle Hessen), 42 (unten links: Schmidler; unten rechts: Robert Vack), 44 (unten: Schaar & Dathe), 45 oben, 46 (rechts oben: Rapp), 48 (rechts: Reeck), 49 links, 50 (rechts: Reeck), 52 (rechts unten: Meier Ude), 54 (Landesbildstelle Hessen), 55 oben, 56, 57 oben, 58, 59 links, 60, 61 links, 62 links, rechts oben, rechts unten (Meier-Ude)

Heinrich Heym:
Seite 30 rechts

Fraport AG, Frankfurt am Main:
Seite 64, 65

ullstein bild:
Umschlagseite 1 rechts, 33

ISOCHROM.com, Wien:
Seite 51 unten

Christine Gemander, Frankfurt am Main:
Seite 39 rechts

Markus Kutscher, Frankfurt am Main:
Umschlagseite 1 unten, 3, 4, 5, 9, 11, 13 rechts und unten, 15 rechts, 17 rechts, 19, 21, 23, 25 rechts, 27, 29 rechts, 31 unten, 35 unten, 37 unten, 39 links, 41, 43, 45 unten, 46 unten, 47, 49 rechts, 51 oben, 53, 55 unten, 57 unten, 59 rechts, 61, rechts, 63

In Fällen, in denen es nicht gelang, Rechtsinhaber an Abbildungen zu ermitteln, bleiben Honorarrechte gewahrt.

Vorwort

Für die freundliche Unterstützung möchten wir uns an dieser Stelle herzlich bedanken bei:

- *Herrn Olaf Labuhn, Deutsche Telekom AG / STRABAG*
- *Herrn Hans -Joachim Pantle, DEGUSSA*
- *Fraport AG*
- *Bildungszentrum Hermann Hesse*
- *Frau Christine Gemander, Sparda-Bank Hessen eG*
- *Europäische Zentralbank*
- *Herrn Sighard Schulz, Hotel Marriott*
- *Hotel Zentrum*
- *Hotel am Zoo*
- *Herrn Uwe Köhler*
- *Herrn Michael Linke*
- *RMV Service*

Sie werden begreiflicherweise immer weniger, jene Zeitzeugen, die den Bombenkrieg in Frankfurt erlebt haben. Nie vergessen dürfte etwa eine heute fast 90-Jährige ihren 23. Geburtstag: Das neue Lebensjahr begann in der Nacht vom 22. zum 23. März 1944 im Luftschutzkeller, während das alte Frankfurt unterging. Ihre beste Freundin konnte nicht mitfeiern, denn die 21-Jährige war beim ersten Großangriff auf die Stadt, im Oktober 1943, im Keller unter ihrem einstürzenden Haus begraben worden. Dass Frankfurt im Gegensatz zu anderen Städten wie Hamburg, Köln, Dresden, im Bombenkrieg vergleichsweise glimpflich davonkam, machte den Schmerz für die Hinterbliebenen nicht geringer.

Über den Verlust des alten Frankfurt wurde direkt nach dem Krieg nicht lange lamentiert, die Dringlichkeit des Wiederaufbaus ließ keine großen Diskussionen zu. Nicht nur für die ausgebombten Frankfurter fehlten schließlich Wohnungen, auch Tausende von Flüchtlingen und Vertriebenen mussten unterkommen. Das mag mancher bedenken, der heute die Hässlichkeit der Nachkriegsarchitektur beklagt. Die soll ja nach dem Wunsch vieler Bürger und Politiker nun weitgehend verschwinden und durch historische Rekonstruktionen ersetzt werden. So, als wäre der Zweite Weltkrieg nur eine Episode in der 1200-jährigen Stadtgeschichte gewesen. Dabei hatte der Publizist Walter Dirks, Herausgeber der renommierten „Frankfurter Hefte", schon 1946 gemahnt: „Wir wollen nicht die Städte unserer Großväter, sondern unserer Kinder bauen."

Dieser Bildband zeigt Frankfurts Entwicklung an ausgewählten Orten in jeweils drei Motiven: Vor der Zerstörung, nach dem Bombenkrieg und heute. Beschränkt auf 30 Szenen aus einer ganzen Stadt, mag die Auswahl willkürlich erscheinen. Es gab dabei aber eine unabänderliche Vorgabe: Während im Institut für Stadtgeschichte Zehntausende von Vorkriegsfotos lagern, bleibt die Auswahl an Zerstörungsbildern begreiflicherweise begrenzt. Viele „locations" können also nicht gezeigt werden, weil es keine entsprechenden Trümmerbilder gibt – oder, weil sie erfreulicherweise nicht zerbombt wurden. Die begleitenden Texte verzichten bewusst darauf, den Leser mit einem Wust von Daten und Zahlen zu konfrontieren. Sie wollen vielmehr Geschichte(n) erzählen, auch in anekdotischer Form.

Altstadt

Blick vom Domturm nach Westen über die Altstadt um 1930 …

… und der gleiche Blick 1944

Der defätistische Spruch „Frankfurt werden sie schonen, in Frankfurt wollen sie wohnen", war in der Nazi-Zeit lebensgefährlich, weil er künftige Besatzer nach dem verlorenen „Endsieg" voraussah. Er war auch naiv. Fachleute ahnten schon zu Beginn des Krieges, dass Frankfurt, die Metropole mit der größten gotischen Altstadt Mitteleuropas, Ziel von Flächenbombardierung werden würde. Deswegen ließ man den historischen Kern Haus um Haus fotografieren, sodass er wenigstens auf dem Papier erhalten ist – und als hölzernes Modell. Keine Zweifel blieben nach dem ersten Großangriff im Oktober 1943, der auch Teile der Altstadt traf. Noch mehr Zerstörung gab es am 18. März 1944, aber das war nur das Vorspiel. Am 22. März, sinnigerweise Goethes 112. Todestag, wurde sein Geburtshaus „ausradiert" – und alles rundherum. Die brennenden Fachwerkhäuser lösten in jener Nacht den schon aus Hamburg und Köln bekannten „Feuersturm" aus, der alles in sich hinein sog. Dass dabei Frankfurt mit 1001 Toten „glimpflicher" davonkam, war einer Besonderheit dieser Altstadt zu verdanken: Ein zusammenhängendes Kellersystem, in dem die Menschen leicht von einem Haus zum anderen durchbrechen konnten, ohne in das oberirdische Inferno zu geraten. Am Morgen des 23. März bot sich den Augen der Überlebenden das Bild eines riesigen Trümmerhaufens, aus dem einige Fassaden ragten, so der schon 1943 getroffene Römer. Über dem Chaos wachte der ausgebrannte Kaiserdom. Diesen Bereich rund um Dom und Römer meint es heute, wenn von „der Altstadt" die Rede ist. Das historische Rathaus – wie auch Goethehaus und Paulskirche – waren bis Anfang der 50er Jahre wieder aufgebaut, aber eine Auferstehung des Gewusels von schiefen Häuschen in krummen, finsteren Gassen war für Oberbürgermeister Walter Kolb nicht denkbar, mochten auch die 1922 gegründeten „Altstadtfreunde" noch so schreien. Immerhin hatten sich OB Ludwig Landmann und sein Stadtbaurat Ernst May bereits Ende der 1920er Jahre Gedanken über einen Totalabriss der maroden, unter mangelnden sanitären Einrichtungen leidenden Altstadt gemacht; schließlich hatte man sich auf eine stückweise Sanierung geeinigt. Mit dem Abstand von 60 Jahren ist nun die öffentliche Diskussion um eine wenigstens teilweise Rekonstruktion wieder entflammt. Schon Anfang der 1980er Jahre hatte die historisierende Bebauung der Ostzeile auf dem Römerberg zu Kontroversen geführt – von den „Fallerhäuschen" redeten nicht nur Modelleisenbahnfreunde.

Römer

Eigentlich wird Frankfurt von einer Reihenhaussiedlung aus regiert. Nein, nicht vom Eigenheim der Oberbürgermeisterin Petra Roth im Norden der Stadt, sondern vom Rathaus Römer, vis-a-vis des „Kaiserdoms". 1405 nämlich, statt da prunkvoll neu zu bauen, kaufte der sparsame Rat der Stadt die drei gotischen Staffelgiebelhäuser „Alt-Limpurg", „Löwenstein" und eben „Römer". Weitere Häuser rundherum sollten folgen. Ein neues Rathaus mit Empfangsmöglichkeiten für allerhöchste Herrschaften mochte wohl längst nötig sein, hatte Kaiser Karl IV. 1356 doch in seiner „Goldenen Bulle" Frankfurt „für alle Zeiten" zur Wahl-Stadt der deutschen Könige und Kaiser bestimmt. Gekrönt wurde weiter in Aachen, bis 1562, als die Kurfürsten den Wanderzirkus mit ihrem ganzen Gefolge leid geworden waren. Zur Krönungsfeier von Maximilian II. bewirteten die Stadtherren das Volk mit Wein aus dem Römerbrunnen und am Spieß gebratenen Ochsen. Die waren gefüllt mit leckeren Brühwürsten – die Geburtsstunde der „Frankfurter". Seitdem war der Römer immer wieder das Zentrum des Heiligen Römischen Reiches Deutscher Nation – freilich nicht „für alle Zeiten", sondern nur bis 1792, als mit dem Habsburger Franz II. der letzte Kaiser gekrönt wurde. 1806 machte Napoleon dem Heiligen Reich ein Ende. Immerhin sollten Römer und Volk noch einmal einen „Kaiser Franz" erleben: 1974, als die deutschen Fußballweltmeister mit ihrem Kapitän Franz Beckenbauer auf dem Balkon des Rathauses gefeiert wurden. Auf diesem Balkon hatten sich die gekrönten Kaiser nicht zeigen können, denn der wurde erst im Zuge eines historisierenden Fassadenumbaus 1885 angebracht. Der Balkon blieb im Bombenkrieg erhalten, die Fassade des schon 1943 ausgebrannten Rathauskomplexes stand auch nach der Zerstörung der Altstadt 1944 noch. 1955 wurde das restaurierte Rathaus eingeweiht.

Der „neue" Römer heute

Blick aus der Flößergasse um 1936

Der zerstörte Römer 1944, vom Domturm aus gesehen

ALTEN LIMPURG

Bethmannstraße

Nicht erst Bombenflieger zerstörten die Altstadt. Schon ein halbes Jahrhundert zuvor hatten sich Stadtplaner an der mittelalterlichen Substanz zu schaffen gemacht. Zum Ende des 19. Jahrhunderts entwickelte sich der Verkehr mit ungebremster Wucht, seit die elektrische Tram die Stadt durchfuhr, der Hauptbahnhof eröffnet worden war. Von dieser Entwicklung drohte die Altstadt abgeschnitten zu werden. Viele wohlhabende Bürger waren längst in die Neustadt (Innenstadt) oder ins feine Westend gezogen. Fachleute warnten vor einer „Verelendung" – Slum sagt man heute. So entschlossen sich die Kommunalpolitiker unter Führung von Oberbürgermeister Franz Adickes zur Radikaloperation. Eine Schneise von West nach Ost musste her. Ganze Häuserviertel fielen „unter der Spitzhacke". Der Kornmarkt, eine Straße, die seit dem Mittelalter vom Mainufer zur nördlichen Stadtmauer verlaufen war, wurde zerschnitten. Die Schöppengasse, Sitz der renommierten Bankiers, ward zur Bethmannstraße. Als östliche Fortsetzung brach man die Braubachstraße durch. Die (!) Braubach, schon im Mittelalter überbaut, fließt noch immer darunter. Einst formte sie mit dem Main jene Insel, auf der die fränkischen Wurzeln der Stadt liegen. Da man gerade so schön am Zug war, gönnten sich die Stadtväter ein neues Rathaus, denn der aale Römer war doch schon e bissi klaa, gell. Den beiden Türmen, die den Komplex krönten, gab der Volksmund die Namen „Langer Franz" und „Kleiner Kohn". Ersterer war dem großgewachsenen, aus Friesland stammenden Oberbürgermeister zugeordnet. Ob der andere eine Reminiszenz an die nahe Judengasse war oder der Titel eines zeitgenössischen Gassenhauers, daran scheiden sich die Geister. Nach dem Krieg wurde das von Brandbomben getroffene Neue Rathaus rekonstruiert. Verkehrstechnisch sind Bethmann-/Braubachstraße fast nur noch Straßenbahntrasse, der Autoverkehr ist weitgehend auf die Berliner Straße ausgewichen.

Blick von Westen um 1940, rechts der „Lange Franz"

Blick von Westen 1954, links die Ruine der Weißfrauenkirche

Der heutige Blick auf die Einfahrt zum Theatertunnel und den ehemaligen Bundesrechnungshof

Schnurgasse

Wer sagt denn, dass es nicht auch ordentlicher geht? Im späten 12. Jahrhundert brach Frankfurt erstmals aus seinen alten Mauern, was zum Bau der staufischen Stadtbefestigung führte. Damit gab es ein neues Areal zu besiedeln, etwa zwischen Liebfrauenberg und Paulskirche, Kornmarkt und Fahrgasse: die nördliche Altstadt. Und im Gegensatz zur Ur-Altstadt um Dom und Römer mit seinen Gassen, die anmuten, als „hädd unsern Herrgott e Handvoll Reeschewermer falle lasse“ waren hier klare Strukturen erkennbar. Die Gassen verlaufen gerade oder rechtwinkelig. Wobei auf Ost-West-Verbindungen Wert gelegt wurde. Die als südliche Grenze etwa der alten Stadtmauer folgende war die Schnurgasse, weiter nördlich findet man noch heute die Töngesgasse.

Nicht erst der Krieg zerstörte diese nördliche Altstadt, sie fiel weitgehend dem „Großen Christenbrand“ von 1719 zum Opfer (zur Unterscheidung vom „Großen Judenbrand“ acht Jahre zuvor, der die östliche Altstadt betroffen hatte). Erhalten blieb damals das Straßenraster, denn die Parzellen wurden exakt wieder bebaut, freilich nicht mehr im gotischen Stil. Später siedelten hier auch Handwerksbetriebe an. An der Trierischen Gasse gründete 1836 ein gewisser Herr Hahn eine Glaserei, deren Symbol, ein Gockel eben, noch heute durch die Stadt fährt – familieneigen in fünfter Generation. 1871 zog man in die nahe Töngesgasse, mit Wohnung ums Eck in der kleinen Bockgasse. Ein Familienschicksal: Der älteste Sohn übernahm die Glaserei, der zweite musste sein Leben als Studienrat am Goethe-Gymnasium fristen und dem jüngsten, Otto, blieb nichts übrig, als in die Fremde zu ziehen – und Nobelpreisträger zu werden. Das Geburtshaus Nr. 17 und die ganze Bockgasse gibt es nicht mehr, aber vor der Kleinmarkthalle weist eine Büste auf den Vater der Kernspaltung hin. Dieser Bereich wurde schon 1943 weitgehend zerstört, warauf die Firma Hahn ihren noch heute bestehenden Sitz in der Hanauer Landstraße bezog. Der Rest des Bereichs nördlich der Schnurgasse verschwand im März 1944. Für diesen gab es erst gar keine Diskussion um eine eventuelle historische Rekon-

Die Schnurgasse von Westen, rechts das Nordportal des Nürnberger Hofs

Die zerstörte Schnurgasse 1944, von Osten aus gesehen

Der Blick von Osten in die heutige Berliner Straße

struktion. So finden heutige Architekturstudenten hier Paradebeispiele zum eiligen Nachkriegsstil. Die Kleinmarkthalle ist ein Teil davon, sie ersetzte die zerbombte, 1878 erbaute Markthalle an der oberen Hasengasse. Und wo ist die Schnurgasse abgeblieben? Sie ruht unter der Berliner Straße. Die zum Gedenken an den DDR-Aufstand vom 17. Juni 1953 umbenannte „Ost-West-Achse“, mehrspurig statt der schmalen Schnurgasse, war von den Stadtvätern schon in den 50er Jahren für den zu erwartenden Individualverkehr geplant worden. Sie sollte die Straßen im Bahnhofsgebiet via Battonnstraße mit dem Ostend verbinden. Was den einen einst als Weitsicht galt, wird heute von anderen als „Opfern an den Moloch Auto“ verteufelt.

Die Kleinmarkthalle von Westen mit der Büste von Otto Hahn

Eiserner Steg

Der Eiserne Steg 1933, von Sachsenhausen aus gesehen

Eine Fußgängerfähre ersetzte 1945 den Eisernen Steg

Typisch Frankfurt: „Da mache mers halt selwer", hieß die Parole, nachdem der Wunsch der Bürger nach einem Fußweg über den Main bei den Sturköppen im Magistrat verhallt war. Auch der von den preußischen „Besatzern" 1866 eingesetzte Oberbürgermeister Daniel Heinrich Mumm von Schwarzenstein war der Meinung, dass der einzige Weg zwischen Frankfurt und Sachsenhausen, die Alte Brücke, genügte. Also kamen Frankfurter Bürger in einem Verein zur Gründung einer Eisernen Brücke zusammen und verkauften verzinste Anteilscheine. Schon ein Jahr später stand er da, der Eiserne Steg der Firma J. S. Fries Sohn.

1869 wurde die spätgotische, gut 170 Meter lange Konstruktion eröffnet und jeder, der von Hibbdebach nach Dribbdebach oder zurück wollte, hatte gefälligst einen Kreuzer zu zahlen, so lange, bis die 120 000 Gulden Baukosten abbezahlt waren. Die Stadtpolitiker hatten sich zuvor gnädigst bereit erklärt, die Brücke dann zu übernehmen und für die weitere Unterhaltung zur sorgen. Das wurde 1910 teuer, weil der Kohlefrachter „Walhalla" auf dem Weg nach Mainz am Eisernen Steg hängen blieb und ihn ein kleines bisschen demolierte. Messerscharf schlossen die Fachleute, dass die Durchfahrtshöhe der Brücke wohl inzwischen zu niedrig bemessen sei, was 1912 behoben war, einschließlich neuer Sandsteintreppen.

1946 begann der Wiederaufbau

Der Eiserne Steg wurde zu einem der Erkennungszeichen der Mainstadt, auch in der Kunstwelt bekannt, nachdem der Maler und Städel-Professor Max Beckmann ihn 1922 und 1923 auf Leinwand verewigt hatte. Die Herrschaften, die Beckmann als „entartet“ schmähten und vertrieben, waren letztlich auch für die Zerstörung des Stegs verantwortlich, der 1945 wie ein Dinosaurierskelett aus dem Wasser ragte.

Schon 1946 war er als eine der ersten Frankfurter Mainbrücken wieder intakt. Zuvor musste sich die Bevölkerung mit einem Fährkahn behelfen. 1993 wurde die Brücke runderneuert. Dazu gehören nun auch Fahrradschienen und Aufzüge neben den Treppen, für ältere Menschen und Behinderte.

Nun ist er ja schon lange nur eine von vielen Brücken über den Main, noch nicht einmal mehr einziger reiner Fußweg, seitdem ihm mit dem Holbeinsteg, dem direkten Zugang zum Museumsufer, eine Konkurrenz erwuchs. Manchmal wird es gesperrt, das Frankfurter Wahrzeichen – so in der Neujahrsnacht, wenn die Belastbarkeitsgrenze durch die Feuerwerksgucker erreicht ist. Ach ja: „Eisern“ nannte man damals in der Bauzeit das Material, aber tatsächlich ist es eine Stahlkonstruktion. Ei, horsche se mal, wie dät dann des klinge: Stählerner Steesch …?

Hauptwache

Auf einmal war sie weg, die Hauptwache. An ihrer Stelle klaffte ein riesiges Loch. Nein, nicht die alliierten Bomber waren diesmal am Werk, sondern die Frankfurter U-Bahnbauer des Jahres 1967. Für den künftigen Großbahnhof – der später auch noch die S-Bahn aufnahm – wurde die Wache Stein für Stein abgetragen. Aber, keine Angst, nach einem Jahr war das historische Gebäude wieder da; nicht mehr ganz exakt an der alten Stelle, aber schöner als vorher.

Der Krieg hatte von dem 1729 errichteten barocken Wachgebäude der Stadtwehr nur die Vorderfront stehen lassen. 1954 war das Gebäude wieder aufgebaut und dem alten Zwecke zugeführt. Keinem militärischen, denn Anfang des 20. Jahrhunderts war die Wache vom preußischen Militär in den Besitz der Stadt übergegangen und zum Caféhaus umgebaut worden. Nach dem Krieg, das Geld war knapp, bekam die Hauptwache nur ein Walmdach ohne die ursprünglichen Gauben.

Nun aber, nach dem U-Bahnbau, sah sie wieder aus wie vor dem Krieg. Allerlei lustiges Gerät, das einst an der Wache gestanden hatte, fehlte Gott sei Dank. Da gab es etwa den Galgen für frevlerische Soldaten oder zur Disziplinierung des „liederlichen Gesindels" einen hölzernen „Schandesel", auf dessen recht scharfem Rücken der Missetäter sitzen musste. Oder ein allerliebstes „Trillerhäuschen". Hier konnten freundliche Bürger den Deliquenten so lange drehen, bis ihm kotzübel wurde. In den Gauben waren Gefängniszellen, in deren einer 1802 der in Frankfurt gefasste berüchtigte Räuberhauptmann Johannes Bückler alias Schinderhannes einsaß, bis man ihn den französischen Besatzungsbehörden in Mainz überstellte – und der Guilliotine. Köpfen konnte man auch in Frankfurt: Im Januar 1774 stand nahe der Hauptwache das Schafott, auf dem die Kindsmörderin Susanna Margaretha Brandt enthauptet wurde. Unter den Zuschauern befand sich der junge Rechtsanwalt Johann Wolfgang Goethe. Er war von dem blutigen Geschehen so berührt, dass er die „Brandtin" viele Jahre später zum Vorbild für sein Gretchen im „Faust" nahm. Den Hauptwachen-Bereich kannte Goethe übrigens

Die Hauptwache von Südwesten um 1935 …

… und nach den Bombenangriffen 1944

bestens: Zum Elternhaus im Großen Hirschgraben waren es nur wenige Minuten, in der Katharinenkirche, Frankfurts 1681 eingeweihter protestantischer Hauptkirche, besaß die Familie Goethe zwei Kirchenstühle, hier wurde der spätere Dichterfürst konfirmiert. Die barocke Pracht des Innenraumes wurde 1944 völlig zerstört. Nach dem Krieg erstand das Kirchenschiff in typischer Wiederaufbau-Schlichtheit neu.

Auch die deutsche Revolution sah die Hauptwache im Mittelpunkt: 1833 fand hier (und auf die damals noch existierende Konstablerwache) der „Wachensturm" des Vormärz statt. Der Versuch, mit der Aktion die allgemeine Revolution loszutreten, scheiterte, es gab neun Tote und 24 Verletzte. Einige der Wachenstürmer flohen bis nach Amerika, andere wurden zum Tode verurteilt, dann zu meist lebenslanger Haft begnadigt. Mit der Umwandlung des Militärbaus zum Café wurde es friedlicher, wurden die Hauptwache und ihr Umfeld Roßmarkt, Steinweg, Schillerstraße, Große Eschenheimer Straße und Zeil zum eigentlichen Zentrum der Stadt.

Das „Loch" für den Bau der U-Bahn 1967

Die „neue, verkehrsberuhigte" Hauptwache

Große Eschenheimer Straße

Der Blick 1942 nach Norden auf den Eschenheimer Turm ...

Da mag sich der Ortsfremde wundern, der auf dem Stadtplan eine Große Eschenheimer Straße findet, bloß: Wo ist die „Kleine“? Die hat der Krieg verschluckt, als das ganze Areal rund um den Eschenheimer Turm beim Großangriff 1943 zerstört wurde. Ursprünglich führte die Gasse vom nordöstlichen Teil der Großen Eschenheimer Straße zur Stiftstraße. Die „Eschenheimer“ entstand als Nord-Süd-Verbindung in der Neustadt, nachdem Frankfurt im 14. Jahrhundert aus seinen staufischen Mauern quoll. Kaiser Ludwig IV. genehmigte 1333 die Erweiterung der Stadtbefestigungen. Damit gewann die „Große Eschenheimer“ an Bedeutung, was sich nicht zuletzt an Bauwerken wie dem Eschenheimer Turm und später dem Palais Thurn- und Taxis zeigte (beide an anderer Stelle beschrieben).

Auch ein publizistisches Zentrum war die Straße. Gegenüber dem Palais, fast in Armreichweite in der vor dem Krieg noch engen Gasse, stand das Verlagshaus der „Frankfurter Zeitung“. Nazi-Propagandaminister Josef Goebbels

... und der gleiche Blick von der Hauptwache 1944

ließ das Blatt als liberales Feigenblatt auch im Ausland verbreiten. Angeblich wurden Hitler von seinem Pressechef nur ausgewählte Artikel vorgelegt; bis er eines Tages eine komplette Zeitung zu Gesicht – und den üblichen Tobsuchtsanfall bekam. Das war das Ende der „FZ“, zum 31. Juli 1943.

In die Reste des zerstörten Gebäudes und die an die Schillerstraße angrenzende Druckerei kehrte noch vor Kriegsende wieder publizistisches Leben ein: Gleich nach der Eroberung Frankfurts, Ende März 1945, bereiteten die Amerikaner mit „unbelasteten“ Mitarbeitern eine neue Zeitung vor, in der alle politischen Richtungen vertreten waren. Am 1. August erschien die „Frankfurter Rundschau“. Bald war das beschädigte Verlagshaus zu klein, anstelle der Trümmerberge der nordöstlichen Großen Eschenheimer Straße wurde 1954 das Rundschau-Haus gebaut. Es war ein typisches Beispiel der Wiederaufbauarchitektur, mit seiner Rundverglasung, die den Eschenheimer Turm architektonisch nicht bedrängen sollte. Dahinter erhob sich auf dem Areal des zerstörten Hauptpostamtes an der Zeil das Fernmeldehochhaus. An der Ecke Zeil folgte der Kaufhof. Er änderte sein Gesicht im Laufe der Jahrzehnte vom Wiederaufbaustil über die fensterlose, weiße, umstrittene 60er-Jahre-Fassade bis zur verglasten „Galleria“.

In den 50er Jahren war die Große Eschenheimer schon wieder bebaut, als etwa rund um Römer und Paulskirche noch Trümmerfelder lagen. Und hier, zwischen Eschenheimer Turm, Zeil und Hauptwache, begann im neuen Jahrtausend die Umgestaltung der Innenstadt. Die krisengeschüttelte Rundschau verkaufte ihr Grundstück und mietete sich in Sachsenhausen ein, auch das Fernmeldehochhaus wurde abgerissen. Nun entsteht hier nach einiger Verzögerung mit „Frankfurt Hoch Vier“ ein Hochhaus- und Shoppingmall-Karree.

Heutige Ansicht mit dem denkmalgeschützten „Bayer-Haus“ (Mitte) und dem „neuen“ Palais von Thurn und Taxis

Palais von Thurn und Taxis

Die Rückseite des
Palais von Süden vor ...

... und nach
seiner Zerstörung

Wenn er denn erstmals seit 70 Jahren wieder in seiner Heimatstadt zu Besuch wäre, so en aale Frankforder, würde er sich vielleicht freuen: Zwar ist im Bereich der Großen Eschenheimer Straße so gut wie nichts mehr wie damals – aber wenigstens das schöne Thurn- und Taxis-Palais ist doch erhalten. Ist es aber gar nicht, wie jeder Einheimische weiß. Alles nur Fassade, die freilich historisch getreu. Im Zuge der Großplanung für den Bereich Stiftstraße/Zeil/Große Eschenheimer Straße erstand das Prunkpalais im neuen Jahrtausend wieder. Erstmals aufgetaucht war es, als in Frankfurt die Post abging. Die Mainstadt war nämlich 1724 längst Zentrum des Kaiserlichen Postbetriebs unter der Egide der hochadeligen Familie von Thurn und Taxis, als Kaiser Karl VI. seinen Oberpostillon Fürst Anselm Franz von T&T ersuchte, seinen Sitz von Brüssel an den Main zu verlegen. Gerne, Majestät, dazu bedürfte es freilich einer repräsentativen Unterkunft. Das passende Grundstück fand sich schnell in der noch spärlich bebauten Neustadt hinterm Eschenheimer Tor. Bloß: Der Frankfurter Rat war mal wieder maulig, mochten die Freien Reichsstädter doch keine Adligen in ihren Mauern. Erst kaiserliche Vermittlung fand einen Kompromiss, der Barockbau stand 1739. Im selben Jahr starb Anselm Franz, so dass erst sein Sohn Alexander Ferdinand wirklich in Frankfurt residierte. 1748 verlegte der freilich seinen Sitz nach Regensburg, da sitzt Fürstin Gloria noch heute. Trotzdem stand das Palais weiter im historischen Mittelpunkt. Nachdem Napoleon das Heilige Römische Reich 1806 mal kurz aufgelöst hatte, wurde Frankfurt mit den umliegenden ehemaligen Kurmainzer Besitzungen zum Fürstentum. Der Großherzog Karl Theodor von Dalberg hatte im Palais seinen Sitz, hielt sich aber freundlicherweise meist in Aschaffenburg auf. 1815 war Napoleon endgültig reif für die Insel. Ein deutsches Reich, so entschied der Wiener Kongress, sollte es nicht mehr geben, nur einen Fürstenbund. Das Frankfurter Palais wurde Sitz des Bundestages, der Fürst bekam Miete. Mit den preußischen

Blick durch das übrig gebliebene Portal auf das 1953 im Bau befindliche Fernmeldehochhaus

Das wieder aufgebaute Palais mit dem neuen „Frankfurt Hoch Vier"-Komplex (rechts)

Besatzern 1866 endete bald auch die Ära der Thurn- und Taxisschen Post. Das Palais, vom Zahn der Zeit schon etwas angeknabbert, diente nur noch gelegentlich als Ausstellungshalle. 1895 verkaufte Fürst Albert I. den Bau an die Reichspost. Die ging nicht gerade pfleglich damit um, wollte bald radikale posttechnische Umbauten vornehmen. Proteste von Bürgern und Politikern führten dazu, dass die Stadt 1905 das Gebäude kaufen konnte, um hier ein Völkerkundemuseum einzurichten. Das blieb bis zur endgültigen Zerstörung 1944, nachdem die exotischen Exponate weitgehend ausgelagert worden waren. Direkt nach dem Krieg hatte man für Prunkbauten keinen Sinn, immerhin wurden die erhaltenen Portalbauten in das Areal des bald dahinter wachsenden Fernmeldehochhauses integriert. So sind sie, die Läufe der Zeit: Dieses vielbestaunte Nachkriegshochhaus ist längst abgerissen und einem neuen Glasundbetonturm gewichen. Aber das Thurn- und Taxissche Palais ist wieder da.

Eschenheimer Turm

Falls es je Zweifel daran gegeben haben sollte, dass die mittelalterlichen Baumeister ihr Handwerk verstanden, waren die Anfang Oktober 1943 ausgeräumt, nach dem ersten Großangriff, bei dem die Amerikaner am Tag und die Briten am Abend weite Teile der Stadt getroffen hatten. Darunter den Bereich um den Eschenheimer Turm, zwischen der nördlichen Großen Eschenheimer Straße und der Körnerwiese. Da stand er also nun, der Turm, unversehrt, während ringsherum fast nur noch Ruinen und Trümmer zu sehen waren. Sogar als eine Art Luftschutzbunker hatte er gedient: Zwei Frankfurter Buben, die eigentlich den Eisrevue-Film „Der weiße Traum" im Turm-Palast sehen wollten, hatten beim ersten Heulen der fallenden Bomben im Torbogen des Turms Schutz gesucht. Solide Arbeit lieferten sie also, die mittelalterlichen Handwerker. Schon 1333 hatte Kaiser Ludwig IV. den Frankfurtern, deren Stadt aus den Nähten quoll, eine Erweiterung ihrer Mauern genehmigt. Sie umfasste nach der Staufenmauer, die die Altstadt einrahmte, auch den Bereich der Neustadt, der heutigen Innenstadt. Den nördlichen Ausgang, das Eschenheimer Tor, sicherte 1349 ein Rundturm. Ab 1400 wurde er durch den heutigen Turm ersetzt, den Dombaumeister Madern Gerthener 1428 vollendete. Bei der Gelegenheit ließ er auch gleich sein Porträt über dem Torbogen anbringen, sodass er sich die Leute heute noch angucken kann, die da um sein Werk herumwuseln. Und das sind nicht wenige, ist der Platz doch heute eines der Verkehrszentren der Stadt – oben dank der Autostraßen, unten wegen der schon 1968 für die erste Strecke gebauten U-Bahnstation. Zuvor gab es hier eine große Straßenbahnhaltestelle. Fast wäre er auch ohne Bomben weg gewesen, der Turm: Auf Befehl der napoleonischen Besatzer wurden nach 1806 die Mauern geschleift, die heutigen grü-

Der Blick 1949 aus der Hochstraße nach Osten

Der Blick um 1930 aus der Schillerstraße

Der heutige Blick aus der Hochstraße auf den Eschenheimer Turm

nen Wallanlagen entstanden. Da schien das mittelalterliche Bollwerk im Weg zu stehen. Freundlicherweise setzte sich der französische Gesandte Graf d'Hédouville für den Erhalt des Bauwerks ein. So konnte es später nicht zuletzt als Markenzeichen der Henninger-Brauerei weltweit zum Frankfurter Symbol werden. Den Standort der alten Stadtmauer kann man anhand der Anlagen und umliegenden Straßen noch heute erkennen. So folgt etwa die Hochstraße bis hin zum Opernplatz – dem früheren Bockenheimer Tor – ihrem Verlauf. Auch hier hatten die Bomben wenig übrig gelassen. Zur besonderen Freude der Frankfurter Schulkinder öffnete 1960 an der Stelle des zerstörten Bades Hochstraße das Stadtbad Mitte, gleichermaßen geeignet für Badespaß wie für internationale Schwimmwettbewerbe. Auch der mehrfache Goldmedaillengewinner Michael Groß trainierte später hier. Bürgerproteste und einsichtige Kommunalpolitiker verhinderten in den 90er Jahren den Abriss des inzwischen maroden Schwimmtempels mit seinem stadtbekannten geschwungenen Dach. Es wurde schließlich renoviert und größtenteils in den Neubau des Hilton-Hotels integriert.

Rathenauplatz

Noch in den 1960er Jahren bekam Frau Dr. S., Besitzerin der Einhorn-Apotheke am Rathenauplatz, Post mit der Adresse „Horst-Wessel-Platz". Aber wenigstens war schräg gegenüber am massiven Büro- und Geschäftshaus Börsenstraße 2–4 der Schriftzug „Adolf Hitler-Haus" verschwunden. Es war nicht die erste Namensänderung dieses Areals mitten in der Stadt, zwischen Biebergasse und „Freßgass". 1782 hatten sich die Frankfurter hier ein Stadttheater gebaut, das Comödienhaus, das dem Platz den Namen „Theaterplatz" einbrachte. Zuvor gehörte der ganze Bereich zum Roßmarkt. 1902 wurde das Gebäude zugunsten des Schauspielhaus-Neubaus am heutigen Willy-Brandt-Platz abgerissen. In der Weimarer Republik hieß der Bereich vor dem ehemaligen Comödienhaus Rathenauplatz, nach dem 1922 in Berlin ermordeten Reichsaußenminister Walther Rathenau. Der Sohn des Gründers der AEG war nicht nur Jude, sondern galt den Nazis auch als einer der „Erfüllungspolitiker" des verhassten Versailler Vertrags. Also wurde 1933 der Dichter der NS-Parteihymne, Horst Wessel, Namensgeber des Platzes. Auch dieses Areal wurde im Bombenkrieg schwer getroffen. Lange galt der wiederaufgebaute Platz als eher unscheinbarer Ort in der Innenstadt. Die meisten Frankfurter haben Schwierigkeiten zu unterscheiden, wo heute die Grenzen von Rathenauplatz, dem seit Aufstellung des Dichterfürsten-Denkmals 1844 benachbarten Goetheplatz und dem Roßmarkt-Rest verlaufen. Ein vormals markanter Punkt fehlt seit 1955: das Schillerdenkmal, das in die Taunusanlage versetzt wurde. Das ganze Areal, seit Jahrzehnten Fußgängerzone, wird nun aufgewertet, nachdem darunter eine große Tiefgarage installiert worden ist. Auf dem nach ihm benannten Platz hat Goethes Denkmal seit 2007 wieder seinen Standort, von dem es nach dem Krieg Richtung Gallusanlage verschwunden war.

Der „Horst-Wessel-Platz" mit dem „Adolf-Hitler-Haus" (rechts) und dem Schiller-Denkmal von Süden (1935)

Die Bombenangriffe 1944 ließen nur das Schiller-Denkmal stehen.

Der heutige Rathenau-Platz von Südosten

Kaiserplatz

Die Trambahnschaffner lösten das Problem ganz einfach: „Kaiser-Ebert-Straße" hieß die Ansage. Denn nach dem Krieg hatten die Stadtväter die Straßenumbenennungswut gepackt. Klar, dass die „Adolf-Hitler-Anlage" wieder zur „Gallusanlage" wurde und die „Untermainanlage" nicht mehr „Hermann-Göring-Ufer" hieß, war selbstverständlich. Auch, dass hinterm Hauptbahnhof die preußischen Generäle Scharnhorst, Gneisenau & Co. durch südlich gelegene Städte wie Basel, Karlsruhe, Mannheim, ersetzt wurden, sahen die Frankfurter ein, denn von Generälen hatten sie wirklich die Nase voll. Aber gleich unserm alten Kaiser Wilhelm I. Straße und Platz wegnehmen und ihn durch den ersten Reichspräsidenten ersetzen? Nö, der neue Name wurde einfach verweigert. Nachdem 1955 angeblich Corpsstudenten in einer Nacht- und Nebelaktion die Straßenschilder mit dem alten Namen überklebt hatten, gaben die Kommunalpolitiker nach. Friedrich Ebert bekam die Anlage vor dem damaligen Polizeipräsidium, passend hinter dem „Platz der Republik". Damit hatte auch der Kaiserplatz seinen alten Namen wieder, der die Gründerzeitmeile zwischen Roßmarkt und Hauptbahnhof zierte. Schon 1872, ganze 16 Jahre vor der Eröffnung des „Centralbahnhofes", waren Kaiserstraße und Kaiserplatz entstanden, um eine Verbindung zwischen den drei abgelegenen lokalen Bahnhöfen und der Innenstadt zu schaffen. Auf dem Areal befand sich zuvor der „Weiße Hirsch", eines der größten Anwesen in Frankfurt. Der Gartenkomplex, ehemals Besitz der Hugenottenfamilie Gontard, war da schon ziemlich heruntergekommen. Umso prachtvoller wurden Kaiserstraße und Kaiserplatz gestaltet, Paradebeispiele der Gründerzeitarchitektur. 1876 öffnete das Hotel Frankfurter Hof seine Pforten für betuchte Gäste. Im selben Jahr wurde auch der von einem Bankier gestiftete Kaiserplatzbrunnen aufgestellt, dessen Schale aus einem Stein geschliffen ist. Von der ganzen Pracht des Platzes ließen die Bomben kaum etwas übrig. Ein frühes US-Pressefoto von 1945 zeigt einen Jeep vor den verbrannten und teilweise eingestürzten Mauern der Luxusherberge. Heute steht es wieder da wie einst, das

Hotel. Aber der Platz rundherum hat sich stark verändert. Dominiert wird er vom bis vor kurzem höchsten Haus Europas, Norman Fosters Commerzbank-Turm von 1997. Schräg gegenüber fällt das denkmalgeschützte „Junior-Haus" von 1951 mit seinem bemerkenswerten Treppenhaus auf. Benannt wurde es nach dem Bauherrn, dessen Familie hier seit Generationen ein beliebtes Frankfurter Café betrieben hatte. Der Nachkriegsbau wird gekrönt von einem Mercedes-Stern, der auf den Auto-Ausstellungsraum im Erdgeschoss hinwies. Hier kaufte 1956 eine junge Dame den schwarzen Sportwagen, mit dem sie dann allabendlich um den Kaiserplatzbrunnen kreiste: Rosemarie Nitribitt, die Edelprostituierte, deren Ermordung 1957 die ganze prüde Republik der Adenauer-Ära in Erregung versetzte.

Der Blick um 1905 in die Kaiserstraße auf die Hauptwache

Der Blick 1946 von der Friedensstraße in die Klingerstraße

Der heutige Kaiserplatz mit Blick auf die Hauptwache, links der Eingang zum Commerzbank-Tower

Taunustor

Es war den Passanten kaum einen Blick wert, das langweilige Verwaltungsgebäude im Nachkriegsstil, das sich da an der Ecke Taunustor/Neue Mainzer Straße erhob. Die Geschichte ist in einem Satz erzählt: 1872 als Finanzamt gebaut, beim Großangriff 1943 ausgebrannt, nach dem Krieg rekonstruiert. Nein, das war's doch nicht. Denn hinter der sachlichen Fassade hatten sich menschliche Dramen abgespielt, wie sie in der Verbrecherzeit von 1933 bis 1945 so häufig waren. Nach einem Beschluss des Reichsfinanzministeriums war das Amt Taunustor für ganz Hessen zuständig – für die „Verwaltung und Verwertung jüdischen Besitzes". Des Besitzes der Juden, die ab 1941 deportiert wurden, zunächst nach Lodz, später nach Auschwitz. Dazu gehörten auch die Synagogen- und Friedhofsgrundstücke. Wobei „Verwaltung" reiner Zynismus war, denn die fleißigen Beamten, von denen zumindest die leitenden Herren das Parteiabzeichen im Knopfloch trugen, sahen sich dem deutschen Volksvermögen verpflichtet. Dass gerade diesem Amt eine solche Aufgabe übertragen wurde, kam nicht von ungefähr. Hier wurden schon lange die Steuerakten der meist vermögenden Juden aus dem Westend verwaltet. Der alte Name dieser Frankfurter Ecke hätte makabrerweise besser gepasst: Bis zur Schleifung der Stadtbefestigung 1809 gab es im westlichen Teil der Stadtmauer zwei Tore, das Innere und das Äußere Galgentor. Der grausige Name war schon im 18. Jahrhundert mit dem noch heute zu findenden „Gallus" verbrämt worden. Aber auch das erschien den Planern zu profan, nach der Inbetriebnahme des Taunusbahnhofs 1839. Also erhielt der Ort den Namen „Taunustor". Selbiges wurde in den 1990er Jahren endlich architektonisch aufgewertet, nachdem das Finanzamt im Behördenzentrum an der alten Gutleutkaserne untergekommen war. 1996 entstand hier mit japanischer Unterstützung der „Japan-Tower". Das für Frankfurter Verhältnisse mit 115 Metern nicht gerade hohe Gebäude ist dafür umso auffälliger. Der rote Sandstein-Bau gleicht einer japanischen Gartenlaterne und das Fassadenraster entspricht mit 90 mal 90 Zentimetern der Größe einer Tatami-Matte.

Der Blick 1939 von der Neuen Mainzer Straße nach Norden

Das Finanzamt am Taunustor 1992

Der gleiche Blick 1943 auf die Löscharbeiten

Der Japan-Tower, aus der Großen Gallusstraße gesehen

Alte Oper

Die 1944 zerstörte und später nicht wieder aufgebaute Freitreppe

„Das können sich nur die Frankfurter leisten“, wie später gerne kolportiert, hat er nicht gesagt, der alte Kaiser Wilhelm I., als er im Oktober 1880 zur Einweihung des Opernhauses in der Stadt weilte. Aber „das könnte ich mir in Berlin nicht leisten“, ist doch auch ein schönes Kompliment. Der prächtige Neu-Renaissance-Bau war vom Schadow-Schüler Richard Lucae 1873 begonnen worden. Auch hier zeigte sich wieder das vielzitierte Frankfurter Mäzenatentum, war doch rund eine Million Goldmark durch Bürgerstiftungen aufgebracht worden; den Löwenanteil der 4,2 Millionen Baukosten (ohne Innenausbau) zahlte freilich die Stadt. Da stand also nun einer der prunkvollsten Musentempel Deutschlands, mochten auch Verpackung und Inhalt nicht immer konform gehen: Gustav Mahler jedenfalls, Direktor der Wiener Hofoper, der 1899 in Frankfurt seine 1. und 2. Symphonie dirigierte, befand in süffisanten Briefen an Frau Alma die Geigen des hiesigen Opernorchesters „nicht graziös, sondern kratziös“ und die „Altistin wirklich alt“. Eine Schmäh, immerhin gastierte von 1908 bis 1911 Enrico Caruso, Werke des in Frankfurt lebenden Paul

Die Alte Oper um 1940 von Südwesten mit dem Standbild Wilhelms I.

Die ausgebrannte Ruine mit leerem „Kaisersockel" 1945

Hindemith wurden uraufgeführt und 1937 Carl Orffs „Carmina Burana". Sonst war es in dieser Zeit um die Freiheit der Kunst bekanntlich schlecht bestellt. Jüdische Intendanten und Künstler – und Publikum – wurden vertrieben. Ein Liebling der Frankfurter Opernbesucher, die Sängerin Magda Spiegel, erhielt 1935 Auftrittsverbot, wurde 1942 deportiert und in Auschwitz ermordet. 1944 war dann alles vorbei. Die Oper, schon im Januar nach schwerer Beschädigung geschlossen, brannte im März aus. Sie erhob sich nach dem Krieg wie eine riesige schwarze Trutzburg, während die Stadt um sie herum neu erstand – einschließlich des ersten „Wolkenkratzers", dem Zürich-Hochhaus vis-a-vis. Jahrzehntelang wogte die politische Diskussion um das Schicksal der Ruine, die zum größten Taubenschlag der Stadt mutiert war. Wiederaufbau-Fans und Gegner „elitärer Kultur" feindeten sich an. Rudi Arndt, SPD-Minister in Wiesbaden, wurde in der Presse gar zitiert, man solle das Ding sprengen, was ihm zeitlebens den Spitznamen „Dynamit-Rudi" einbrachte. Zur Strafe wurde er dann 1971 Frankfurter OB als Nachfolger des früh im Amt verstorbenen Walter Möller. Der Bürgersinn war noch nicht tot: Auch für den Wiederaufbau konnte die „Aktion Opernhaus" Millionenspenden sammeln und die Stadt so in Zugzwang bringen. 1981 war es soweit. Pünktlich zu Goethes Geburtstag am 28. August – freilich mit einem Jahr Verspätung zum 100. Jubiläum – wurde der Bau wiedereröffnet. Der Frankfurter Neigung zur Gigantomanie entsprach es, dass die Festveranstaltung gekrönt wurde von der Oper mit der größten Besetzung, Gustav Mahlers „Achter", der „Symphonie der Tausend". Da waren die Geigen sicherlich nicht mehr „kratziös". Ein Tempel des Belcanto ist das nun Alte Oper genannte Gebäude freilich nicht mehr. Zwar gibt es Konzertsäle, aber eigentlich ist es ein Kongresshaus. Immerhin schwoft hier alljährlich der Frankfurter Opernball, der a kloans bisserl vom Image des Wiener Vorbildes zehren möchte.

Die „neue" Alte Oper mit dem Lucae-Brunnen

Löwenstein'sches Palais

Die neubarocke Frontfassade 1892

Noch in den 60er Jahren konnte man in der Ruine des Löwenstein'schen Palais herumkraxeln, die sich da wie ein ausgebrannter Luxusdampfer an der Taunusanlage erhob, nahe dem gleichermaßen anmutenden Opernhaus. Bis man von einem Hausmeister erwischt und hinauskomplimentiert wurde, denn das Innenleben des maroden Gebäudes war nicht ungefährlich. Der eindrucksvolle Bau hatte schon 1944 schwere Brandschäden erlitten. Aber Anwohner wollten nach dem Krieg wissen, dass ihm erst die letzten „Bewohner" mittels Brandstiftung den Rest gaben, als sie im März 1945 angesichts der näher rückenden US Army ihr Domizil räumten: Es waren die „Helden" von SA und SS, die nicht die Absicht hatten, die „Frontstadt Frankfurt" bis zum letzten Mann zu verteidigen, wie es Gauleiter Sprenger der Bevölkerung befohlen hatte – bevor er sich selbst eiligst verdünnisierte.

Die Ruine des Palais 1967

Der Rest des Palais im Schatten der Bankentürme

1891/92 hatte sich die früh verwitwete Gräfin Amelie von Reichenbach-Lessonitz, Schwiegertochter des Kurfürsten Wilhelm II. von Hessen-Kassel, das neubarocke Palais bauen lassen, nachdem sie das große Grundstück Taunusanlage 14 vom Weinhändler Carl Feist-Belmont gekauft hatte. Sie hatte 1912 den Besitz ihrer Tochter Pauline, Ehefrau des Prinzen Alfred zu Löwenstein Wertheim-Freudenberg hinterlassen; daher der spätere Name des Gebäudes. Die Erben dieser 1927 gestorbenen Gräfin hatten das Areal mit der Palais-Ruine 1953 an die Firma Varta verkauft. 1972, nach langer Diskussion über einen eventuellen Wiederaufbau, wurde die Löwenstein-Ruine abgerissen. Von 1979 bis 1984 entstanden hier die 155 Meter hohen Zwillingstürme der Deutschen Bank. Die Hochhäuser mit ihrer auffälligen blauen Glasfassade sind seit 2006 aufwendig restauriert worden. Der Bankbau wurde schon vor dem 11. September 2001 mit dem World Trade Center in New York verglichen. „Twin Towers" in ihrer Stadt mögen den Frankfurtern schmeicheln, der jahrelange Versuch der Hamburger „Spiegel"-Redaktion freilich, den Leuten dafür den Begriff „Soll & Haben" in den Volksmund zu legen, ist gescheitert. Die Türme sind längst nicht mehr die höchsten in Deutschland, aber immer noch ein beliebtes Fernsehmotiv. Für die Bankenkrise standen sie ständig als Symbol. Bundesweit im Medieninteresse waren die Doppelhochhauser auch an jenem 30. November 1989, als sie abgeriegelt wurden von einem Großaufgebot der Polizei im ganzen Bereich Taunusanlage/Guiollettstraße. Auf dem Weg mit dem gepanzerten Dienstwagen zur Arbeit war Alfred Herrhausen, Vorstandssprecher der Deutschen Bank, in seinem Wohnort Bad Homburg von einer am Straßenrand deponierten Bombe getötet worden. Die Behörden befürchteten einen weiteren Anschlag auf die Bank selbst. Trotz Bekennerschreibens der „Roten Armee Fraktion (RAF)" ist der Hintergrund des Attentats bis heute ungeklärt. Ganz verschwunden ist das Palais nicht: Die beiden Sandstein-Löwen, die einst im Kapitel am Dachfirst die Familienwappen hochgehalten hatten, zieren heute den Sockel des nördlichen Bank-Turms.

Hauptbahnhof

Anno 1888 hatte das Deutsche Reich drei Kaiser. Und Frankfurt einen Hauptbahnhof. Als das Großprojekt, das die bisherigen drei Lokalbahnhöfe auf dem Gallus(Galgen-)feld vor den Toren der Stadt ersetzen sollte, 1881 begonnen wurde, regierte in Berlin noch der greise Wilhelm I. als preußischer König und seit 1871 deutscher Kaiser. Nachdem er im März des „Dreikaiserjahres" mit 90 Jahren gestorben war, folgte ihm sein Sohn Friedrich III., bereits tödlich an Kehlkopfkrebs erkrankt. Auch er sollte die Eröffnung des Hauptbahnhofs nicht mehr erleben. Im August saß bereits sein Sohn Wilhelm II. auf dem Thron. Der damals sogenannte „Centralbahnhof", der sich da auf dem ehemaligen Galgenfeld erhob, zunächst nur mit der Nabelschnur Kaiserstraße an der Stadt hängend, war mal wieder einer der für Frankfurt typischen Superlative: der größte Personenverkehrsbahnhof Deutschlands. Als Kopfbahnhof spielte er in den Weltkriegen keine strategische Rolle, der Nachschub für die Fronten lief über andere Bahnknotenpunkte. Die alliierten Bomber richteten vergleichweise wenig Schaden an: Die Scheiben der Haupthalle zerbarsten und die Südfassade wurde beschädigt – Splitterlöcher in Säulen und Wänden kann man noch heute sehen. Der Bahnbetrieb konnte fast nahtlos wieder aufgenommen werden. Kürzer kann man den Lauf der Historie wohl nicht darstellen, als anhand zweier Fotos aus dem Institut für Stadtgeschichte: Beide zeigen den Haupteingang des Bahnhofs, davor Zivilisten und Soldaten. Auf dem Foto Anfang 1945 tragen die Soldaten Wehrmachtsuniform, auf dem Bild wenige Wochen später die Kluft der US-Army. Die Entwicklung des Bahnverkehrs machte auch in Frankfurt immer wieder Erweiterung und Modernisierung nötig. 1924 kamen zu den drei Haupthallen die beiden kleineren Seitenhallen hinzu. Ab 1956 wurden die Dampfloks durch Elektro- und Dieselmaschi-

Der Blick von Süden auf das Hauptgebäude um 1935

Der 1944 stark beschädigte Südtrakt

nen ersetzt. Ab den 70er Jahren buddelte man in die Tiefe – das U- und S-Bahnnetz entstand. Bei dieser Gelegenheit wurde ein riesiger Luftschutzraum unter dem S-Bahnhof errichtet, heute ein Relikt des Kalten Krieges. Auch im 21. Jahrhundert ist der Hauptbahnhof ein beeindruckendes Gebäude aus der Gründerzeit. Dass man nicht etwa einer Art überdimensionalen Haremsbaus aus tausendundeiner Nacht ansichtig wird, ist der Weitsicht der Jury beim Wettwerb 1881 zu danken. Die bevorzugte den Entwurf von Hermann Eggert, Universitätsbaumeister zu Straßburg (das war damals gerade mal deutsch). Die übrigen 54 teilweise scheußlichen Entwürfe liegen noch heute im Archiv Preußischer Kulturbesitz zu Berlin. Nicht erst im ICE-Zeitalter wurde darüber diskutiert, ob ein Kopfbahnhof den Anforderungen der Zeit noch gewachsen ist oder zum Durchgangsbahnhof umgestaltet werden sollte. Was für Stuttgart nach jahrzehntelanger Diskussion und anhaltenden Protesten umgesetzt werden soll, wurde in Frankfurt längst verworfen. Aber ist da nicht vielleicht mit dem ICE-Bahnhof Airport dem Hauptbahnhof längst eine Konkurrenz erwachsen?

Viel verändert hat sich nicht, vom Verkehr und der neuen Hintergrundkulisse einmal abgesehen …

Westhafen

Als wär er eine Werbung für das Frankfurter Nationalgetränk, der Westhafen-Tower im neuen Quartier am ehemaligen Westhafen, nahe der Friedensbrücke: Wie so ein „Geripptes“, gut gefülltes Ebbelwei-Glas sieht er tatsächlich aus, und so nennen ihn die Frankfurter denn auch. Bei diesem Anblick mögen sich so manchem „Schoppestecher“ auf dem Weg nach Sachsenhausen die Maulfäden ziehen. Das Architektenbüro Schneider + Schumacher hatte allerdings beim Entwurf des 2003 fertiggestellten 112-Meter-Büroturms an Wasser gedacht. Die 3500 dunklen Glasdreiecke sollen durch unterschiedliche Lichtreflexion Wellenbewegungen symbolisieren. Schließlich steht das Gebäude am Fluss und verwendet Mainwasser zur Kühlung. Rings um den Turm ist ein neues Wohn- und Geschäftsviertel entstanden, nachdem die Stadtverordnetenversammlung 1993 beschlossen hatte, den Westhafenbereich unter dem Motto „Wohnen und Arbeiten am Fluss“ umzugestalten. Die 1886 eröffnete Anlage mit ihrer Mole, die heute Karpfenweg heißt, war am „Winterhafen“ gebaut worden, weil die Schiffe in diesem Teil des Mains eisfrei ankern konnten. Schon damals zeigte sich, dass der Hafen mit seinem einzelnen, 560 Meter langen Becken dem stetig zunehmenden Industrieverkehr nicht gewachsen sein würde. 1908 folgte denn auch der Osthafen mit seinen vier Becken, der dem kleineren Bruder den Rang ablief. Trotzdem war der Westhafen weiter wichtig, nicht zuletzt in den Weltkriegen. Was ihn früh zum Bombenziel machte. Ein Foto von 1940, nach einem der ersten Angriffe auf Frankfurt, zeigt brennende Kohlenhalden am Hafenkai, die eigentlich für die Ofenheizung der Frankfurter bestimmt waren. Als eines der Versorgungszentren für die zerstörte Stadt gewann der eiligst wieder hergerichtete Hafen direkt nach dem Krieg noch einmal an Bedeutung. Die Hafenbahn, heute Spaßgerät für Nostalgiker, war damals die einzige intakte Ost-West-Verbindung. Doch in den folgenden Jahrzehnten nahm der Wert des Westhafens stetig ab. Ältere Passagiere von Maindampfern erinnern sich noch an die Kräne und Halden der Kieswerke auf der Hafenmole in den 70er Jahren. Mit Beginn des drit-

Der Blick 1936 von Osten auf Dampfschiffe und Kontorhäuser

Eine Luftaufnahme von 1945 mit der zerstörten Rhein-Neckar-Brücke (oben links)

ten Jahrtausends ist der Hafenbereich nun ein modernes, nicht gerade billiges Wohn- und Geschäftsquartier. Das hatten die Römer-Politiker in den 90er Jahren auch im Sinn: Das durch jahrzehntelangen Ausländerzuzug als „sozialer Brennpunkt" drohende Gutleutviertel sollte so aufgewertet werden. Ganz funktionslos ist sie nicht, die alte Industrieanlage: Becken und Mole wurden mit zwei Stegen überbrückt und dienen nun als Yachthafen. Einer heißt „Flusskrebssteg". Das hätte dem großen Sohn sicher gefallen, denn die Krustentiere standen fast täglich auf Goethes Speisenkarte, die er persönlich seiner Köchin zu diktieren pflegte. Die Krebse bezog der Wahl-Weimarer freilich nicht aus dem Main, sondern aus der Ilm.

Der Westhafen 1977 von Westen mit Kiesverladestation und einem kleinem Anlegesteg für Sportboote

Der heutige Blick auf ein exklusives Wohnquartier mit eigenem Yachthafen

Hauptgüterbahnhof

Es begab sich aber einmal vor langer Zeit, gegen Ende des vergangenen Jahrtausends, dass die Menschen noch Vertrauen in die ehrwürdigen Bankinstitute hatten. Und als nun einer dieser Geldtempel den Vorschlag präsentiert, auf dem riesigen Gelände des 1996 stillgelegten Hauptgüterbahnhofs ein „Europaviertel" zu bauen, mit Wohnungen, Büros und Läden in vielen prächtigen Hochhäusern, durchzogen von einem „Boulevard", war die Freude bei Stadtvätern und Bürgern unbeschreiblich. Aber wie das so ist bei epochalen Projekten: Auf Euphorie folgte schnell Ernüchterung. Da war nämlich wohl etwas von Presse, Politik und Öffentlichkeit missverstanden worden: Die Großbank hatte nur eine Anregung geben wollen, finanzieren sollte das dann schon jemand anderes. Und so lag das ganze schöne Areal der ehemaligen Schienenstränge auch um die Jahrtausendwende noch weitgehend brach, obwohl doch eigentlich ein „Millennium Tower" gebaut werden sollte. Immerhin, nun, da das neue Jahrtausend ins zweite Jahrzehnt geht, gibt es tatsächlich Investoren, es tut sich was auf der Brache. Ein Stück vom Kuchen hat das benachbarte Messegelände längst abgeknabbert und das „Europaviertel" weist erste Wohnungen und Hotels aus; das Ganze freilich etwas bescheidener als 1996 geträumt, obwohl Bescheidenheit doch nun eigentlich gar keine Frankfurter Tugend ist… Der „Zentral Güter-Bahnhof" wie er zur Kaisers Zeiten hieß, ist der etwas ältere Bruder des Hauptbahnhofs. Er wurde nördlich von diesem 1886, also zwei Jahre früher, in Betrieb genommen. Das war, würden aale Frankforder sagen, gar net

Eine Luftaufnahme aus den 1930er Jahren von Norden auf den hinter der Festhalle gelegenen Hauptgüterbahnhof

Der Blick 1945 von Westen auf die zerstörten Gleisanlagen und Waggons

emal dumm gedacht. So konnte Baumaterial für den Hauptbahnhof antransportiert werden. Wegen seiner Kopf-Lastigkeit war auch der Güterbahnhof in zwei Weltkriegen kein wichtiges Nachschubzentrum, was ihn aber nicht vor Bombenangriffen bewahrte. Gleisanlagen sind dabei recht schwer zu treffen, aber Luftaufnahmen amerikanischer Tag-Bomber zeigen wie Spielzeug durcheinander geworfene Eisenbahnwaggons. Bei einem solchen Angriff wurden allein im Dezember 1944 hier mehr als 600 Sprengbomben abgeworfen. Schon bald nach Kriegsende konnte die US-Army den Güterbahnhof für ihre Zwecke herrichten. 1996, wie gesagt, war der Kopfbahnhof für den zunehmenden Stückgutverkehr obsolet, der Frachtumschlag wurde an den Stadtrand verlegt. Gleise und Abfertigungsgebäude verschwanden. Die „Europaviertel"-Idee wurde geboren. Vielleicht wird es ja noch etwas daraus in diesem Jahrtausend. Heute erinnert an den immerhin 110 Jahre alt gewordenen Warenumschlagsort nur noch der „Güterplatz" an der Mainzer Landstraße. Dessen ältere Anwohner erinnern sich noch, dass hier in den 80er Jahren einmal so etwas wie Frankfurts japanisches Zentrum lag: Immerhin hat die Mainstadt nach Düsseldorf die größte Kolonie aus dem Lande Nippon. Und so fanden sich fernöstliche Händler und Gastronomen einmal wöchentlich am Güterbahnhof ein, wenn der frische Fisch ankam. Den haben sie für Sashimi und Sushi nun mal besonders gern.

Der heutige Blick von Westen auf das entstehende Europaviertel und die bereits fertige Europa-Allee

Die Sicht von Osten auf die Europa-Allee mit dem noch unbebauten Gelände im Vordergrund, auf dem einmal – was sonst – ein neues Hochhaus stehen soll.

Festhalle

Als eine riesige leere Hülle bot er sich nach dem Krieg dar, der einstmals größte Kuppelbau Europas. Dabei hatten nicht Bombentreffer die Festhalle zum Wrack gemacht. Schon vorher, im Dezember 1940, waren hier gelagerte Unmengen von Wehrmachtsuniformen in Flammen aufgegangen. Ob es Brandstiftung war, konnte nicht geklärt werden, aber zuvor waren in der Festhalle noch ganz andere Brandstifter am Werk gewesen: Diejenigen, die in der „Reichskristallnacht" 1938 die Frankfurter Hauptsynagoge abgefackelt hatten, trieben in dem Festbau Juden aus der ganzen Stadt zusammen und mißhandelten sie. Später wurde das Verbrechen ja industriemäßig organisiert; die Festhalle war im Holocaust einer der Sammelplätze für die Transporte nach Auschwitz. Das alles hatten sie natürlich nicht ahnen können, die würdigen Frankfurter Honoratioren, die im Mai 1909 ihrem Kaiser Wilhelm II. zujubelten, als er den Neubau des renommierten Marburger Architekten Friedrich von Thiersch eröffnete. Damit bekam die Frankfurter Messe, die bis dato in wechselnden Hallen, etwa im Hippodrom, stattgefunden hatte, einen festen Platz mit einem repräsentativen Gebäude. Gleich 1909 fand hier die erste Internationale Luftfahrtausstellung statt und 1913 – zum dritten Mal am Main – das Deutsche Turnfest. Aber schon der Erste Weltkrieg beraubte die Festhalle ihrer Funktion. Ab 1914 war sie eine Art Riesenkaserne. Nach der Niederlage und in den wirtschaftlich schweren Zeiten der Weimarer Republik gab es wieder Großveranstaltungen, bis die Nazis den Bau erneut umfunktionierten. Nach dem Zweiten Krieg wollte man die ausgebrannte Festhalle eigentlich ganz abreißen. Aber auch hier setzte sich der legendäre Oberbürgermeister Walter Kolb durch: Wenigstens provisorisch wurde der Bau hergerichtet, bald wieder Schauplatz wichtiger Messen wie der Internationalen Automobil-Ausstellung. Und von großen Sportveranstaltungen etwa Reit- und Tennis-Turnieren. Nicht zu vergessen die legendären Sechstagerennen. Auch die Musik hielt Einzug – da kamen zu Pop- und Rockkonzerten gut 12 000 Besucher. Das alles hätten sich die würdigen Herren der Kaiserzeit nicht vorgestellt.

Von der einst imposanten Festhalle (hier um 1930) …

… war 1945 nur noch ein Gerippe übrig geblieben.

Heute ist die Festhalle sowohl bedeutender Veranstaltungsort als auch wichtiger Bestandteil des neuen Messegeländes.

Universität

Die Universität bot (auch aufgrund fehlender Umbauung) vor dem Krieg ein imposantes Bild, …

In der Ferne, in Leipzig und Straßburg, hat er Jura studiert, der größte Sohn dieser Stadt, deren Universität seit 1932 seinen Namen trägt. Johann Wolfgang Goethe hatte zu seiner Heimatstadt ja lebenslang ein gestörtes Verhältnis, weswegen er sie schon in jungen Jahren hinter sich ließ – aber ein Studium in Frankfurt wäre ihm auch gar nicht möglich gewesen. Die hiesige Universität nämlich ist eine kaum hundert Jahre alte Institution. Auch hier war wieder das für Frankfurt so typische, oft jüdische Mäzenatentum die treibende Kraft. Zu Beginn des 20. Jahrhunderts wurde die Idee einer Hochschule in der vormals Freien Reichsstadt, die seit 1866 zu Preußen gehörte, von Sponsoren wie Wilhelm Merton, dem Gründer der Metallgesellschaft, vorangetrieben, unterstützt von Oberbürgermeister Franz Adickes. Eine entsprechende Stiftung erstand mit höchstderognädiger Zustimmung Wilhelms II. 1912. Im Oktober 1914 war die feierliche Eröffnung – ohne den Kaiser, denn der war inzwischen mit der Weltkriegsfront beschäftigt. Dorthin musste sich in den folgenden Jahren auch die Blüte der Frankfurter Studenten begeben, allzuoft ohne Wiederkehr. In den Nachkriegsjahren prägte der liberale Geist der Mainstadt weitgehend die Uni. Nicht von ungefähr wirkte hier die „Frankfurter Schule", das Institut für Sozialforschung um Theodor W. Adorno, Erich Fromm, Max Horkheimer, Herbert Marcuse.

… doch auch sie wurde im Krieg nicht verschont.

Aber damit war nach Hitlers Machtergreifung 1933 nicht nur an der Goethe-Universität Schluss. Diese passte sich dem braunen Zeitgeist besonders eilfertig an, um von ihrem „jüdischen Gepräge" loszukommen. Das Ende der dunklen Epoche erlebte auch die Frankfurter Universität von den Bomben schwer beschädigt. Praktischerweise war die nähere Bockenheimer Umgebung zerstört, sodass hier in den 50er Jahren zusätzliche Uni-Gebäude errichtet werden konnten. Denn die Zahl der Studenten stieg stetig. Schon 1914 hatte Frankfurt nach Berlin die größte Hochschule in Preußen; und so war es wohl konsequent, dass an Spree und Main die Schwerpunkte der Studentenrevolte von 1968 lagen. Frankfurt war der Sitz des Sozialistischen Deutschen Studentenbundes (SDS), hier studierten oder diskutierten seine Führer Bernd Rabehl, die Brüder Frank und Karl Dietrich Wolff und der 1970 tödlich verunglückte „Chefideologe" Hans-Jürgen Krahl. Und auch Rudi Dutschke war oft aus Berlin zu Gast. In den folgenden Jahren, in wieder ruhigeren Zeiten, quoll auch die Goethe-Uni dank wachsender Abiturienten-Zahlen aus allen Nähten. Da ging es wunderbar einher, dass mit dem Ende des Kalten Krieges das V. Korps der US Army sein Hauptquartier im ehemaligen IG Farben-Haus räumte; nun ist prachtvolle Bau mit seinem baumbestandenen Gelände der Campus Westend, während den Nachkriegsgebäuden vor dem historischen Haupthaus in Bockenheim die Abrissbirne droht. Bis 2015 soll der Standort Bockenheim ganz aufgelöst sein. Neu war die Aufteilung der Uni nicht, hatte man doch schon Jahre zuvor andere Dependancen bezogen, so etwa die Naturwissenschaftlichen Institute im Norden der Stadt, am Niederurseler Hang. Und die Medizinstudenten waren ja von Anfang an in Sachsenhausen beheimatet.

Der „alte" Haupttrakt der Universität, von Osten aus gesehen

Der Blick von Norden aus der (1954 noch befahrbaren) Jügelstraße auf das Hauptgebäude

Die heutige Jügel„straße" ist längst zum Fußgängerbereich geworden.

Synagoge am Börneplatz

Die Nazis haben sie zerstört, die Synagoge am Börneplatz. Und doch ist sie noch immer in der Stadt, hoffentlich nun für alle Zeiten: Der Expressionist Max Beckmann, bis zu seiner Vertreibung 1933 Lehrer an der Städelschule, hat sie 1919 verewigt. Im Privatbesitz wurde das Gemälde über den Krieg gerettet, bis es das Städel 1972 wieder erwerben konnte – nicht zuletzt dank der Spendenfreudigkeit der Frankfurter Bürger, die sich selbst noch in einer Straßensammelaktion bewies. Die Börneplatz-Synagoge war eines von vier jüdischen Gotteshäusern, das der braune Pöbel in der „Reichskristallnacht“ vom 9. auf den 10. November 1938 anzündete, samt der kostbaren Inneneinrichtung. Auch die unweit in der Börnestraße gelegene Hauptsynagoge wurde vernichtet. Nur die Synagoge im Westend überstand den Terror mit Brandschäden und ist heute wieder Zentrum der Frankfurter jüdischen Gemeinde. Der Bau der Börneplatzsynagoge, die bis 1882 am Südrand des ehemaligen Ghettos im Stil der italienischen Renaissance aus Mainsandstein entstand, war die Folge von jahrzehntelangen Richtungsstreitigkeiten in der israelitischen Gemeinde. Deren Liberalität ging vielen orthodoxen Juden zu weit, sodass sie schließlich ihre eigene Synagoge bekamen. Der SA-Mob leistete dann 1938 ganze „Arbeit“: Da die Feuerwehr am Löschen gehindert wurde, stand am Morgen nur noch eine ausgeglühte Ruine. Ebenso wie bei der Hauptsynagoge, wurden die Restfassaden abgetragen und teilweise bei einer neuen Mauer des Hauptfriedhofs verwendet. Der Bombenkrieg, der 1943 und 1944 viele der umliegenden Häuser zerstörte, konnte so dem Gotteshaus nichts mehr anhaben. Bald nach dem Krieg begann eine lange Diskussion um die historische Stätte. Zwar hat die jüdische Gemeinde, die das Areal entweiht sah, später einer Neubebauung zugestimmt, was schon 1952 zur Errichtung der Blumengroßmarkthalle führte. Doch immer wieder wurde die Frage nach dem Umgang mit der jüngsten deutschen Geschichte gestellt. Wenigstens bekam 1978 der von den Nazis 1933 in „Dominikanerplatz“ umbenannte Ort seinen alten Namen wieder, nach dem in Frankfurt geborenen jüdischen Schrift-

Der nach der Pogromnacht übrig gebliebene Rest der Fassade

Die Synagoge am Börneplatz von Südwesten um 1910

steller Ludwig Börne. In den 80er Jahren, als ein neuer Verwaltungsbau für die Frankfurter Stadtwerke entstand, war das Thema nicht länger zu verdrängen, nachdem man auf Fundamente ehemaliger jüdischer Bauten gestoßen war. Im Untergeschoss des massiven Verwaltungsbaus entstand schließlich das Museum Judengasse, eine Dependance des Jüdischen Museums. Auf dem Platz davor wurden in eine Wand 11 134 Steine eingelassen, mit den Namen der im Holocaust ermordeten Frankfurter Juden.

1963 stand auf dem „Dominikanerplatz" eine Tankstelle sowie die Blumengroßmarkthalle (rechts).

Heute befindet sich dort ein städtischer Verwaltungsbau mit dem integrierten Museum „Judengasse".

Bethmann'sches Palais / Hessendenkmal

Das Bethmann'sche Palais (links) mit Nebenhaus (rechts) und dem davor stehenden Hessendenkmal um 1940 …

… und nach den Bombenangriffen

Der ungebetene Gast, ein gewisser Napoleon, hatte ausdrücklich darauf bestanden, im schönen Palais der Familie von Bethmann am Friedberger Tor zu nächtigen. Dem Wunsch des Franzosenkaisers kamen die Frankfurter Honoratioren eilfertig nach an jenem 31. Oktober 1813. Napoleon hatte zwar in der „Völkerschlacht" bei Leipzig eine schwere Niederlage erlitten und war mit dem Rest seiner Armee auf dem Rückzug über den Rhein, aber Krallen besaß der waidwunde Löwe noch. Für die Zerstörung der Stadt hätte es allemal gereicht. Deswegen also die devote Aufnahme im Bethmannschen Palais mit unverbaubarem Blick auf das Hessendenkmal.

Das erinnerte an die Franzosenschlappe von 1792, aber vermutlich war dem Korsen der Misserfolg seiner Vorgänger wurscht. Französische Revolutionstruppen hatten sich damals in Frankfurt breitgemacht. Hessische, mit dem Preußenkönig Friedrich Wilhelm II. verbündete Truppen stürmten am 2. Dezember das Friedberger Tor und vertrieben die Besatzer. Auf der Walstatt blieben 41 Franzosen und 82 Hessen, darunter auch ihr Kommandeur, Oberst Prinz Carl von Hessen-Philippsthal. Den Verbündeten zu Ehren stiftete der Preußenkönig 1793 das Hessendenkmal. Noch heute versteht kaum ein Passant, was griechischer Helm, Schild, ein Widderkopf, ein Löwenfell und eine Keule bitteschön mit Hessen zu tun haben – es sind Anlehnungen an die Taten des Herakles.

Das 1760 gebaute Gartenhaus hatten die Bethmanns 1785 gekauft und in klassizistischer Pracht ausbauen lassen, umgeben von üppigen Parkanlagen. Den stark verkleinerten Bethmannpark, seit 1989 mit Chinesischem Garten, gibt es noch. Das Palais fiel dem Krieg zum Opfer. Das überlebende Denkmal musste wegen des verkehrsgerechten Ausbaus der Friedberger Landstraße nach 1970 ein Stückchen weiterziehen.

Heute steht das Hessendenkmal am Anfang der Mercatorstraße.

Lediglich das wieder aufgebaute Nebenhaus erinnert noch an das alte Palais.

Zoologischer Garten

Verletzte und traumatisierte wilde Tiere, entflohen aus zerstörten Gehegen, irren durchs Ostend, bis sie von der Polizei erschossen werden. – So traf der Bombenkrieg auch den Frankfurter Zoologischen Garten. 90 Prozent des Tierbestandes waren tot. Beim Wiederaufbau der zerstörten Stadt stand die Freizeiteinrichtung eigentlich nicht auf der Prioritätenliste. Eine Diskussion ergab sich aber erst gar nicht, denn ein Mann entschied im Alleingang: Bernhard Grzimek. Der ehemalige Veterinäroffizier und Fachmann für Hühnerkrankheiten im Reichslandwirtschaftsministerium hatte sich rechtzeitig vor Kriegsende aus Berlin nach Westen abgesetzt. Die US-Besatzer, auf der Suche nach politisch unbelasteten Verwaltungsfachleuten, wollten Grzimek gar zum Frankfurter Bürgermeister machen, was dieser freilich dankend ablehnte. Immerhin ließ er sich zum Polizeipräsidenten ernennen – und machte sich flugs selbst zum Direktor des eigentlich nicht mehr existenten Zoos.

Da es keinen Pfennig von der Stadt gab, veranstaltete er auf dem Zoo-Gelände so ziemlich alles, was Geld einbrachte, vom Rummelplatz bis zum Maskenball. Und auch der Zirkus Althoff durfte erst ein Zelt, dann einen Festbau errichten. Schon bald öffnete der Tiergarten, dank Trümmerlandschaft wenigstens ein bisschen erweitert, seine Pforten für Besucher, mit stetig wachsendem Tierangebot. Dank der Umtriebigkeit Grzimeks und seiner geschickten Nutzung der Presse und des neuen Mediums Fernsehen sollte der Frankfurter Zoo in den nächsten Jahrzehnten zu einem der bekanntesten der Bundesrepublik – ach was: der Welt! – werden. Bald quoll er aus allen Nähten, musste schließlich Tiere abgeben – so die letzte Elefantendame nach Hamburg – weil sie auf dem kleinen Areal nicht mehr artgerecht gehalten werden konnten. Die jahrelange Suche der Kommunalpolitiker nach Dependancen scheiterte immer wieder, meistens an der Finanzierung. Dass sich der Zoologische Garten an dieser Stelle befindet, ist letztendlich den Frankfurter Besitz-Bürgern geschuldet. 1858 hatte die Zoologische Gesellschaft ihren Tierpark an der Bockenheimer Landstraße, westlich der Unterlindau, angelegt. Je mehr Großwohnungen und Villen freilich im neuen Westend ent-

Blick von Westen über den Alfred-Brehm-Platz auf das Gesellschaftshaus 1910

Noch unzerstörte Gehege 1934 …

… und das (unter anderem) zerstörte Seehundbecken 1941

standen, umso lauter wurde die Kritik an Geschrei und Gestank der Zootiere. So entschloss man sich 1874 zum Umzug an die Pfingstweide im Ostend. Seitdem ist die Frankfurter Institution einer der wenigen „Innenstadt-Zoos". Was hier an Erweiterungsmöglichkeiten fehlte, suchte man später durch qualitativen Innenausbau zu kompensieren. So entstanden im Laufe der Jahre neben vielen modernen Gehegen das Exotarium als Heim für Fische, Reptilien und Insekten und das 24-Stunden-Haus für nachtaktive Tiere. Es trägt heute den Namen Grzimek-Haus, nicht nur zur Erinnerung an den legendären Zoodirektor (1909–1987), sondern auch an seinen 1959 bei den Dreharbeiten zum Oscar-prämierten Film „Serengeti darf nicht sterben" mit dem Flugzeug abgestürzten Sohn Michael. Ehrgeizigstes Projekt ist derzeit das „Bonobo-Land", die neue Dschungel-Heimat der Menschenaffen.

Das heute mit einem einfachen Walmdach versehene Gesellschaftshaus

Großmarkthalle

Der Frankfurter, von Natur aus kein Schwätzer, pflegt auch komplizierte Sachverhalte auf einen knappen Nenner zu bringen, etwa: „Mer waas es net, es werd noch geforscht." Das wäre auch eine passende Antwort auf die Frage eines Dahergereisten, was es denn nun auf sich habe mit dem Umzug der Europäischen Zentralbank (EZB) an die alte Großmarkthalle im Ostend. Ein Thema, irgendwie typisch für diese Stadt. Das beginnt mit hochfliegenden Plänen, stolpert bald über die Realitäten und verharrt im Schwebezustand. Dabei hatte alles wieder mal so schön angefangen. Die 1928 gebaute Großmarkthalle entsprach in den 90er Jahren längst nicht mehr neuzeitlichen Anforderungen. 1952 war sie wieder in Betrieb genommen worden, nachdem Bomben schwere Schäden verursacht hatten. Das supermoderne Frischezentrum im Norden, verkehrsmäßig

Die Bombenangriffe ließen von der „Gemieskärsch" („Gemüsekirche") nicht viel übrig.

1933 herrschte ein reges Treiben bei den Händlern.

günstig am Bad Homburger Kreuz, übernahm Mitte 2004 die Versorgung der Bevölkerung in Stadt und Umland mit Obst, Gemüse und Fisch. Für die seit 1984 denkmalgeschützte Großmarkthalle fand sich schnell ein Interessent: die 1998 gegründete und im Hochhaus der ehemaligen Bank für Gemeinwirtschaft am Schauspielhaus angesiedelte EZB. 2005 wollten die Bänker loslegen. Aber schon kamen dunkle Flecken auch in der Geschichte dieses Gebäudes ans Licht. Von der Rampe des dazugehörigen Bahnhofs wurden ab 1941 Juden in die Gaskammern geschickt. Seit 1997 erinnert daran eine Gedenkplakette; die Jüdische Gemeinde freilich forderte eine öffentlich zugängliche Gedenkstätte, was dem Sicherheitsbedürfnis der Euro-Bank widerspricht. Zudem kommt die EZB natürlich nicht mit der alten Halle allein aus, sondern zwei Hochhäuser sollten entstehen. Nach Bedenken der Denkmalschützer und einer neuen Ausschreibung will man sich mit einem 180-Meter-Doppelhaus bescheiden, das auf Neudeutsch „Skytower" heißen soll. Diskussionen schließlich gab es auch mit den Erben von Architekt Martin Elsaesser, der damals in städtischen Diensten stand. Sie wehrten sich gegen den Abriss der sogenannten Annex-Bauten, die als Sozialgebäude neben den Seitenflügeln der Halle standen. Inzwischen wurde man sich einig, die Anbauten sind verschwunden. Für das euphemistisch mit 500 Millionen Euro veranschlagte Projekt fand sich jedoch kein Bauträger, der diesen Kraftakt – Experten rechnen mittlerweile mit 1 Milliarde Euro Baukosten – allein stemmen wollte. Nach einer Neuausschreibung konnte man schließlich im Mai 2010 den ersten Spatenstich setzen.

Die Entrümpelungsarbeiten für den Bau der neuen EZB sind in vollem Gange.

Der Entwurf für die neue EZB mit der alten Großmarkthalle (vorn) und den neuen Hochhäusern (hinten)

Schlachthof

Blick von Südwesten auf den alten Schlachthof

Ruderer kannten den Geruch: Wenn man an heißen Tagen am Schlachthof vorbeifuhr, drangen einem diese süßlichen Blut-Dünste in die Nase. 1884 war der Fleischbetrieb eröffnet worden, am Deutschherrnufer in Sachsenhausen. 1896 bis 1906 wurde er erweitert, galt es doch, die wachsende Bevölkerung von Stadt und Umland mit hygienisch einwandfreiem Fleisch zu versorgen. Auf dem 120 000 Quadratmeter großen Areal folgten bis zum Zweiten Weltkrieg ständig modernere Anlagen – bis der Betrieb durch die Bombenangriffe fast völlig zum Erliegen kam. Sofort nach dem Krieg begannen Trümmerbeseitigung und Wiederaufbau, während in erhaltenen Gebäuden schon wieder bescheiden geschlachtet wurde. Ab 1951 ging es mit der jungen Republik aufwärts und damit auch mit dem Fleischverbrauch. Bald setzte eine jahrelange Diskussion um die immer problematischer werdende Verkehrssituation in Sachsenhausen ein. 1983 wurden erste Anlagen des Schlachthofs abgerissen, auf der Brache siedelte sich der seit 1972 am Schaumainkai beheimatete Flohmarkt an. 1990 war er wieder am alten Platz, weil der Schlachthof noch einmal modernisiert wurde – vergebens. 1993 war der Betrieb endgültig eingestellt. Das Areal weckte die Begehrlichkeit der Stadtplaner, als künftiges Neubauviertel unter dem Motto „Wohnen und Arbeiten am Fluss". Ab 1995 entstand das Deutschherrnviertel. Das ist inzwischen eine feine Wohngegend, in der es gewiss nicht mehr nach Blut riecht.

1943 war auch der Schlachthof nicht verschont geblieben (hinten links die Deutschherrnbrücke).

Der selbe Blick 1976 …

… sowie heute auf das „Deutschherrnviertel"

Im Hippodrom trabten nicht nur die Pferde, da steppte auch der Bär. Ältere Frankfurter erinnern sich jedenfalls noch heute an die Tanzverstaltungen vor dem Krieg in der 1898 erbauten Pferdesporthalle in Sachsenhausen. Die Architekten Wel und Haenle hatten ihre altphilologische Erziehung wohl verinnerlicht, als sie die damals größte Halle der Stadt im Stil einer römischen Zirkusarena entwarfen, dreigeschossig mit freitragender Kuppel. Und den Namen „Hippodrom“ hatte man von griechischen Pferderennbahnen entlehnt. Pferdesport war um die vorletzte Jahrhundertwende, nicht zuletzt wegen des fehlenden Motorsports, ein Publikumsmagnet. So fasste das Hippodrom denn auch 3000 Zuschauer; bei Bedarf konnte durch Einbeziehung eines Teils der Reitbahn auf 5500 erhöht werden. Nicht nur den Pferden freilich war die Halle vorbehalten, es fanden auch Messen und andere Großveranstaltungen statt. Bis dann 1909 für solche Zwecke die Festhalle stand. Nachdem aus dem Tanz für die Jugend der Tanz auf dem Vulkan geworden war, ging die schöne Zeit des Hippodroms zu Ende. Die Pferde wurden im Krieg für die Wehrmacht gebraucht, 1944 legten die Bomben die Halle dann endgültig still. Das schwer beschädigte Gebäude spielte bestenfalls noch eine Rolle als Kriegsmahnmal – aber davon gab es ja genügend in der Stadt – bis es 1956 gesprengt wurde. Auf dem Areal im spitzen Winkel von heutiger Stresemann-/Kennedyallee entstand 1959-61 das „Haus der Elektrotechnik“. Bei dem Entwurf der Architekten Apel, Beckert & Becker handelt es sich nicht mehr um ein Beispiel des heute oft geschmähten schnellen Wiederaufbau-Stils, sondern um einen Komplex, der als „beachtenswert für neue Gewerbearchitektur“ gelobt wird.

Spätestens 1956 bot die mittlerweile bewachsene Ruine keinen Anlass mehr zu einem Wiederaufbau.

Das „Haus der Elektrotechnik“ von Süden

Blick von Süden um 1930 auf das Hippodrom, im Vordergrund die Kreuzung Stresemann-/Kennedyallee

Riedhof

Blick von Süden auf den bewirtschafteten Riedhof 1935

Den Bankier Simon Moritz von Bethmann zog es ins Grüne. 1804 kaufte er von der Stadt den etwas maroden Riedhof, den sie seit 1533 besaß. Da traf es sich für die standesgemäße Erneuerung gut, dass Monsieur Nicolas Alexandre Salins de Montfort, ein bedeutender klassizistischer Architekt, gerade in Frankfurt sein Wesen trieb. Der Riedhof war einer jener landwirtschaftlichen Betriebe, die schon im Mittelalter im fruchtbaren Umland für die Fourage der Städter sorgten, seit 1366 als kaiserliches Lehen urkundlich belegt. Der Franzose gestaltete ihn in einzigartiger Weise neu. Der Hof auf dem großen Areal südlich von Sachsenhausen und nördlich der Mörfelder Landstraße bekam einen bis dato nie gesehenen achteckigen Grundriss und ein prunkvolles Herrenhaus. – Und nach dem Ersten Weltkrieg war dann der May gekommen, der legendäre Stadtbaurat, den Oberbürgermeister Ludwig Landmann mit der Errichtung von menschenwürdigen Wohnsiedlungen beauftragte: Wie in der „Römerstadt“ keine Mietskasernen, sondern drei- bis allenfalls viergeschossige Häuser mit Grünanlage. Dafür bot sich das Riedhofgelände an. Die Familie Bethmann war einverstanden unter der Bedingung, dass Ernst May das Gehöft integrierte. So kam es Ende der 1920er Jahre mit der „Heimatsiedlung“ zu einer gelungenen Symbiose von Alt und Neu. Die weitere Bebauung des Areals kam nach Mays Weggang 1930 nicht mehr voran. Erst ab 1950, unter dem Druck der Flüchtlings- und Vertriebenenwelle, sollte die Fritz-Kissel-Siedlung entstehen. 1941 kaufte die Stadt den

Der Blick in den 1950er Jahren von Südosten auf die Ruine

Riedhof der Familie Bethmann wieder ab – ein schlechter Deal, denn das Gebäude wurde bald von Bomben schwer getroffen. Als Fuhrpark der US-Army durfte es noch dienen, bis es 1970 endgültig einer Hochhausanlage wich. Erhalten ist nur der Brunnen der Pferdetränke. Der Name lebt in Riedhofschule, Riedhofweg und Riedhofbrücke weiter.

Heute zeugt lediglich der sandsteinerne Brunnen vom einstigen Gutshof.

Universitätsklinikum

Selbst bei Krankenhäusern machten die Bomben keine Ausnahme.

Ludwig Rehn fasste sich ein Herz – im Wortsinne – und ging in die Medizingeschichte ein. Dem Chirurgen gelang am 9. September 1896 im Städtischen Krankenhaus zu Frankfurt-Sachsenhausen die erste Naht am menschlichen Herzen. Patient war der 22-jährige Gärtnergeselle Wilhelm Justus, der wenige Tage zuvor einen Messerstich in den Herzbeutel erhalten hatte. Rehn brach mit seiner Pioniertat ein jahrhundertealtes Tabu, denn seit den Griechen hatte die Devise gegolten: Ein menschliches Herz, das berührt wird, stirbt. Das „Allgemeine Städtische Krankenhaus" war 1884 südlich des Mains gegründet worden, neben einem Hospital, das sich vornehmlich mit der Behandlung der lästigen Krätze beschäftigt hatte. Schon zuvor gab es freilich in der Stadt mehrere Krankenanstalten, so das Bürgerhospital der Senckenbergischen Stiftung. 1914, mit der Gründung der Frankfurter Stiftungsuniversität, wurde das Städtische Krankenhaus Keimzelle des Universitätsklinikums, das sich bald über den Stadtteil Sachsenhausen ausdehnte. Wenn jemand am Geisteszustand seines Gegenüber zweifelt, kennen aale Frankforder noch heute den Spruch „ab nach Niederrad". Hier nämlich hatte sich die einst vom „Struwwelpeter"-Autor Heinrich Hoffmann auf dem Affenstein (heute Campus Westend im ehemaligen IG Hochhaus) gegründete „Irrenanstalt" angesiedelt. Viele berühmte Medi-

Blick um 1930 von Südwesten auf das „Städtische Krankenhaus Sachsenhausen"

Aus dem filigranen Ensemble kleiner Klinkerbauten ist längst ein modernes Großklinikum des 21. Jahrhunderts geworden.

ziner prägten den Ruf der Uniklinik, etwa der Nobelpreisträger Paul Ehrlich. Herzpionier Ludwig Rehn wurde erster chirurgischer Chefarzt, mit einem Zwischenspiel als Generalarzt im Ersten Weltkrieg. Auch das Klinikum folgte dem liberalen, Neuem gegenüber aufgeschlossenen Geist der Frankfurter Universität. Wilhelm Hanauer, Stadtverordneter und aktives Mitglied der jüdischen Gemeinde, vertrat das damals hochmoderne Fach „Soziale Medizin". Aber die fatale Entwicklung verlief nach 1933 parallel zur Universität in Bockenheim. Auch hier wurden jüdische und politisch unliebsame Professoren und Studenten verfolgt und vertrieben. Der renommierte Dermatologe Karl Herxheimer starb später im KZ Theresienstadt. Dafür machten sich andere „Forscher" breit, so der berüchtigte Humangenetiker Otmar von Verschuer, der sich auf unhumane Weise mit Juden, Sinti und Roma beschäftigte. Sein Assistent war der spätere KZ-Arzt Josef Mengele. Nach dem Krieg konnte Verschuer in Frankfurt erfreulicherweise nicht mehr Fuß fassen, aber für eine Professur in Münster langte es. Auch die Uniklinik wurde im Krieg schwer zerstört. Gegen hochfliegende Bomber helfen keine Rot-Kreuz-Markierungen. Erst die Einführung der D-Mark 1948 brachte den Wiederaufbau richtig in Gang. Auch hier, wie bei der Uni, werden 50er-Jahre-Bauten inzwischen abgerissen und ersetzt. Das Frankfurter Universitätsklinikum spielt heute in der Bundesliga der Medizinbetriebe. 4300 Mitarbeiter versorgen pro anno mehr als 200 000 Patienten, 3300 junge Menschen studieren hier Medizin und Zahnmedizin.

Sachsenhäuser Warte

Das war kein schöner Zug vom Markgrafen Albrecht II. von Brandenburg-Kulmbach aus der fränkischen Linie der Hohenzollern. Dabei ging es doch im 16. Jahrhundert um so hehre Ziele wie Religionsfreiheit. Freiheit für die Fürsten, versteht sich, katholisch zu bleiben oder protestantisch zu werden. Die Untertanen hatten gefälligst mitzumachen. Albrecht also, 1552 in den Nachwehen des Schmalkaldischen Krieges, brannte die Warte einfach mal eben nieder. So etwas konnte er gut, der Markgraf; auch Bamberg und Speyer erinnern sich gerne an ihn. Noch 1519 hatte der Wach- und Festungsturm im Süden der Stadt dem Franz von Sickingen getrotzt, als sich die Frankfurter mit ihm herumprügelten. Diesmal also musste die Freie Reichsstadt die Sachsenhäuser Warte wieder aufbauen. So ganz neu war die Übung nicht. Ursprünglich hatte Frankfurts Wacht nach Süden auf dem Mühlberg stattgefunden, in einem hölzernen Turm. 1414 gönnte man sich dann auf dem Sachsenhäuser Berg einen Steinturm, dem freilich kein langer Einsatz vergönnt war. Der Trierer Erzbischof Werner von Falkenstein demolierte ihn schon 1416, weil er befand, das Bauwerk stünde innerhalb seiner Dreieichener Wildreviere. Damit kam er aber nicht durch: 1470 genehmigte Kaiser Friedrich III. einen neuen Trutzturm an selber Stelle. Wobei es sich bei den Warten nicht nur um diesen Turm, sondern um eine kleine Festung mit Räumen für Soldaten und Vorratslagern handelt. Das Ganze also stand, siehe oben, bis 1552. Die gute Nachricht: All die fremden Soldaten, die hier in den nächsten 400 Jahren ihr Unwesen trieben, konnten dem zum dritten Male erstandenen Gemäuer nichts mehr anhaben. Was vielleicht daran lag, dass die Frankfurter „Landwehr", eine Verteidigungslinie etwa zwei Kilometer

Die Sachsenhäuser Warte von Westen um 1940

In den Ruinen (hier eine Aufnahme von 1954) befand sich zeitweise eine Autowerkstatt.

vor der Stadtmauer, militärisch längst überflüssig war. Das galt auch für die anderen bis heute erhaltenen Türme, Bockenheimer, Friedberger und Gallus Warte. Die Bomben des Zweiten Weltkriegs ließen die Sachsenhäuser Warte intakt, nebenstehende Gebäude wurden aber zerstört. Heute, vom Verkehr in Richtung Süden umbraust, dient sie einem wirklich friedlichen Zweck: Sie beherbergt ein beliebtes Restaurant, ein Schicksal, das sie mit ihrer „Friedberger" Schwester teilt. An lauen Sommerabenden sitzt es sich im Innenhof der ehemaligen Mini-Festung allerliebst. Kulmbacher Bier aus der Heimat des brandschatzenden Markgrafen findet man auf der Getränkekarte nicht, das wäre politisch völlig unkorrekt. Außerdem ist man der benachbarten Binding Brauerei verbunden.

Nur teilweise wurden die Nebengebäude wiederaufgebaut.

Henninger Brauerei

Der Blick von Osten über das Brauereigelände 1897, im Vordergrund die Villa Schubert

Der Blick 1943 von Norden in den unteren Hainer Weg

1974 herrschte wieder ein reges Treiben.

Die Kommentare waren eindeutig: Bier in Dosen? Das kann doch kein Mensch trinken. Aber die Henninger Bräu musste natürlich 1951 als erste in Deutschland mit diesem neumodischen Zeugs anfangen, das man in den USA schon seit 1935 kannte. Doch der Siegeszug der Aluminiumdose war nicht aufzuhalten, bis ihn das Umweltbewusstsein abbremste. Die Brauereiführung erkannte auch andere Zeichen der Zeit: Dass der Publikumsgeschmack sich vom Exportbier hin zum Pils entwickelte, dem wurde, ebenfalls 1951, mit der Einführung der Marke „Kaiser-Pilsner" Rechnung getragen. Angefangen hat es bescheidener. 1655 gründet Eberhard Stein ein hiesiges Brauhaus. 1869 tut sich Heinrich Christian Henninger mit dem Nachfahren Johannes Stein zusammen. Er baut bis 1875 einen Großbetrieb am Sachsenhäuser Berg. 1881 wird die Firma Aktiengesellschaft. 1912 übernimmt Bruno Schubert die Führung. Sein Sohn Bruno H. Schubert baut den Betrieb ab 1945 wieder auf. Die Bierproduktion war nach Bombenangriffen 1943 und 1944 fast zum Erliegen gekommen. Doch gleich nach dem Krieg ging es wieder voran mit der Gerstensaftproduktion. Werbewirksam war eine sportliche Großveranstaltung: 1962 startete zum ersten Mal das Radrennen „Rund um den Henninger Turm", dem neuen Getreidesilo mit Drehrestaurant. 1979 verkaufte Schubert an die Hamburger Firma Reemtsma. Nach weiteren Verkäufen und wachsenden geschäftlichen Schwierigkeiten landete Henninger mit der Jahrtausendwende schließlich beim seit 1881 am Sachsenhäuser Berg benachbarten Konkurrenten Binding. Hier wird das Bier mit dem Traditionsnamen weiter gebraut; auf dem alten Brauereigelände sollen Wohnungen und Büros entstehen, rund um den Henninger Turm, dem der Abriss nach langer Diskussion erspart bleibt.

Lediglich das Pförtnerhäuschen hat der Abrissbirne getrotzt, doch auch seine Tage sind gezählt

Flughafen „Rhein-Main“

Eine Junkers 52 vor dem Emfangsgebäude 1936

Schon in der Weimarer Republik war von den Politikern über einen Großflughafen im Süden der Stadt nachgedacht worden, allein es scheiterte an der Finanzierung. Einstweilen musste es weiter das Flugfeld am Rebstock tun. 1936 war es dann soweit, denn die neuen Machthaber hatten klare Interessen: Nachdem 1935 die Reichswehr zur „Wehrmacht“ geworden und die Wehrpflicht eingeführt war, hatte Ober-Nazi Hermann Göring seine Luftwaffe aufgestellt. Frankfurt bekam nun den zweitgrößten Flughafen Deutschlands, nach Berlin-Tempelhof. Nicht nur Flugzeuge starteten hier, sondern auch die riesigen Zeppeline. So etwa die LZ 129 „Hindenburg“ 1937 – direkt ins Desaster von Lakehurst. Damit endete die Ära der Luftschiffe. Im Krieg war der Luftwaffenstützpunkt Rhein-Main natürlich ein wichtiges Ziel alliierter Bomber, bis die Bodentruppen von General Pattons 3. US-Armee am 25. März 1945 den Flughafen einnahmen, nachdem deutsche Pioniere noch Sprengsätze gezündet hatten. So schwer können die Kriegszerstörungen freilich nicht gewesen sein, denn noch bevor Frankfurt am 29. März ganz in amerikanische Hand war, landeten hier Nachschubflugzeuge. Auch der Kalte Krieg sah das Luftkreuz Frankfurt im Mittelpunkt: Hier starteten und landeten 1948/49 rund um die Uhr – aufgereiht wie auf einer Perlenkette – die Maschinen der Luftbrücke nach Berlin. Eines der eindrucksvollsten Pressefotos dieser Zeit zeigt eine C-47 Skytrain, die Militärversion der DC-3, im Landeanflug auf Rhein-Main – direkt durch den Rauchpilz einer wenige Minuten zuvor abgestürzten Maschine. Bis die US Air Force 2005 ihre Base an die Fraport AG zurückgab, war Frankfurt immer wieder Nachschubhafen für amerikanische Kriegseinsätze. Die Bevölkerung war das nächtliche Dröhnen der schweren Transportmaschinen gewöhnt, im Koreakrieg, Vietnamkrieg, Golfkrieg. Auch der zivile Flugbetrieb entwickelte sich rasant. Waren schon Ende der 40er Jahre erste

Blick auf das Empfangsgebäude in den 1950er Jahren

An der Stelle der ehemaligen „Empfangs-anlage Ost“ steht heute das Terminal 2.

amerikanische und europäische Passierflugzeuge hier gelandet, so ging es auch mit der deutschen Luftfahrt bald aufwärts: Die wiedergegründete Lufthansa hat seit 1955 hier ihren Heimathafen. Mit nur einer Start- und Landebahn hatte Rhein-Main 1936 begonnen, die Amerikaner bauten nach dem Krieg eine zweite. Doch der Airport wuchert wie eine Pilzflechte. 1972 eröffnete Bundespräsident Gustav Heinemann das neue Terminal, dem längst eine zweites gefolgt ist. Doch ab 1973, mit der Planung der dann 1984 eröffneten Startbahn 18 West änderte sich das Bewusstsein der Bevölkerung; die Proteste gegen den Ausbau im Frankfurter Stadtwald erregten internationales Aufsehen und eskalierten bis zur Ermordung von zwei Polizisten. In den vergangenen Jahren wird die öffentliche Diskussion vom Bau einer vierten Bahn beherrscht. Sie wird nach einem entsprechenden Gerichtsbeschluss nordwestlich des Airports gebaut. Auch für Frankfurt hat sich das Bild vom „Duft der großen weiten Welt“ längst gravierend verändert: von den 50er Jahren, als der Familienausflug auf die Café-Terrasse direkt am Rollfeld führte, wo man fast hautnah den Start der viermotorigen dröhnenden und qualmenden Propeller-Maschinen erleben konnte, ins 21. Jahrhundert der immer schärfer werdenden Sicherheitsmaßnahmen. Noch in den 70er Jahren latschten die Passagiere quer über den Asphalt zu ihren Flugzeugen; als es damals Mode wurde, Jets nach Kuba zu entführen, wurden in Nord- und Südamerika, erstmals außerhalb Israels, Passagiere auf Waffen abgeklopft und ihre Handgepäckstücke durchsucht. Wie meinte damals ein Frankfurter Journalist: „So etwas würden sich die Leute bei uns nicht bieten lassen“…